Avec la collaboration d'Alix Leduc.

Maquette : Émilie Guillemin
Édition : Marjolaine Revel
Illustrations : Fotolia

29, boulevard Raspail
75007 Paris – France
ISBN : 979-10-285-1231-6
ISSN : 2425-4355

C'EST MALIN
GRAND FORMAT

Martine Teillac

JE DIS STOP À CEUX QUI ME GÂCHENT LA VIE

Comment bien se protéger des personnalités toxiques

LEDUC.S
PRATIQUE

SOMMAIRE

*Ce livre n'aurait pas pu voir le jour sans l'aide opiniâtre,
vigilante et affectueuse que m'a apportée Alix Leduc.
Je tiens à l'en remercier. Le hasard a voulu que
je rencontre une belle personne.*

INTRODUCTION

Nous connaissons toutes et tous des personnes avec lesquelles les relations sont *vraiment* compliquées. Communiquer avec elles se révèle difficile, nous ne comprenons pas toujours leurs réactions, parfois disproportionnées, leurs comportements et leurs mots peuvent nous blesser, nous dérouter, leurs attitudes nous mettent parfois mal à l'aise ou nous enferment dans l'isolement... Pas facile de composer avec tout ça.

Couper purement et simplement les ponts pourrait sembler la solution la plus évidente ; oui, mais voilà, c'est justement parce que nous fréquentons ces personnes au quotidien que nos relations avec elles sont si difficiles à vivre. Un collègue de travail, une sœur, un parent ou, plus difficile encore parce que nous partageons pleinement sa vie : un conjoint... Nous couper de ces personnes est compliqué parce que le contexte fait que nous ne le pouvons pas (à moins de changer de travail, par exemple) ou bien parce qu'ils font partie de notre famille, ou encore parce que, dans le cas du conjoint, des sentiments entrent en jeu, nous avons bâti quelque chose ensemble, nous voudrions continuer notre chemin avec.

Mais alors, comment composer avec ces personnalités toxiques, qui peuvent parfois nous faire tellement de mal et nous empoisonner, littéralement, la vie ?

Le but de cet ouvrage est d'explorer ensemble ces personnalités si difficiles à comprendre ainsi que nos propres réactions en vue d'améliorer la communication et de permettre ainsi de diminuer la souffrance de part et d'autre de la relation.

Aussi, dans une première partie, nous détaillerons les différents types de personnalités toxiques que nous pouvons connaître et fréquenter au quotidien. Nous essaierons de comprendre leurs mécanismes, leurs conflits internes, ainsi que les raisons qui expliquent leurs souffrances et en quoi elles nous font souffrir. Peut-être même aurons-nous la surprise de nous reconnaître dans telle ou telle personnalité…

Dans une seconde partie, vous découvrirez des pistes et des solutions pratiques pour ne pas ou ne plus en être victime et vous apprendrez comment cesser d'alimenter leurs névroses afin d'entretenir des relations les plus sereines possibles.

Mieux les gérer et mieux vivre avec, en somme !

1

MIEUX COMPRENDRE LES PERSONNALITÉS TOXIQUES

Vous allez découvrir, dans cette première partie, les divers types de personnalités toxiques susceptibles de vous poser problème, de vous polluer et, bien souvent, de vous faire souffrir au quotidien.

À travers différents portraits, vous allez peut-être reconnaître l'une ou l'autre des personnes de votre entourage et ainsi pouvoir mieux comprendre pourquoi elles agissent ainsi, pourquoi elles souffrent et par quels biais elles parviennent à vous faire souffrir.

Chapitre 1

Pervers narcissique ou personnalité toxique ?

Il est un phénomène à l'ampleur étonnante dans notre société actuelle : nous voyons des pervers narcissiques partout. Ils ne sont pas dix, cent, mille, mais des millions ! C'est à croire qu'ils ont envahi la France, le monde ! Installez-vous à une terrasse de café et écoutez ce qui se dit autour de vous :

« J'ai un problème avec mon patron : il me harcèle, me souffle le chaud et le froid. Un jour, ça va ; le lendemain, rien ne va. J'en perds le nord, je ne sais plus si ce que je fais vaut quelque chose ou non. C'est un vrai pervers narcissique ! »

« Ah ! mon mari, toujours sur mon dos à me dire ce que je dois faire… Et quand je fais, ce n'est jamais bien. Je me sens totalement nulle. Et avec ça, par moments, il est gentil, mielleux même, et puis paf ! une remarque blessante. C'est un pervers narcissique ! »

« Ma mère... quelle garce ! À 15 ans, elle surveille mes activités sur Facebook, m'espionne tout le temps. Alors, bien sûr, je lui mens. Face à face, la vie est infernale, mais c'est une tout autre personne devant le reste de la famille et les amis. C'est une perverse narcissique, d'autant qu'elle essaie constamment de séduire les autres ! »

Mais y a-t-il vraiment autant de pervers narcissiques autour de nous ?

UNE PERSONNE TOXIQUE, CERTES, MAIS À NE PAS CONFONDRE AVEC LES AUTRES

On décline aujourd'hui le pervers narcissique à toutes les sauces. **Il est le bouc émissaire rêvé pour expliquer/justifier les difficultés relationnelles que nous pouvons avoir avec autrui.** Apposer l'étiquette de pervers narcissique sur telle ou telle personne qui nous complique singulièrement la vie nous permet de nous poser en victime. On est ainsi bien trop occupé à faire le ménage devant la porte de l'autre pour pouvoir balayer devant chez soi, et quelque part, cela nous arrange bien : cet avantageux bouc émissaire permet **de ne pas se remettre en cause et nous évite une introspection qui pourrait nous être désagréable, voire douloureuse.**

Or, on oublie ainsi que toute relation se fait à deux et qu'on en est, par conséquent, **co-responsable**. Oui, vous souffrez très certainement de cette relation qui vous empoisonne, mais la bonne nouvelle est que vous pouvez y faire quelque chose ! Et la première clé pour des relations plus sereines est de prendre conscience que **vous n'avez pas forcément un pervers narcissique en face de vous.**

Mais pour faire cette prise de conscience, il convient d'abord de comprendre ce qu'est un pervers narcissique.

COMMENT RECONNAÎTRE UN PERVERS NARCISSIQUE ?

Ce qui caractérise le pervers narcissique, c'est sa **mégalomanie**. Le mégalomane falsifie la vérité pour se mettre en valeur. Il croit dur comme fer à son délire, car il se prend pour Dieu, et la réalité lui prouve qu'il ne l'est pas. Ce qui le fait souffrir et le rend incapable d'aimer.

À NOTER

Vous remarquerez que j'ai utilisé le terme de « délire » : nous ne sommes pas dans le domaine de la névrose, mais dans celui de la psychose. Statistiquement, les psychotiques sont nettement moins nombreux que les névrosés, tous troubles confondus (névrosés que nous sommes tous plus ou moins). Aussi, vous avez nettement plus de chance de tomber sur une personnalité toxique (névrosée, donc) que sur un pervers narcissique.

À la différence de la personnalité toxique qui ressent une vraie souffrance (nous allons le voir plus loin), ce n'est pas parce qu'il souffre que le pervers détruit sa proie ; **c'est parce qu'il y prend du plaisir, se repaît de la souffrance et de l'anéantissement de l'autre**. Il en jouit, purement et simplement, et c'est cette jouissance qui le fait vivre. **Incapable d'éprouver des sentiments**, il ne peut connaître la culpabilité, l'empathie, le remords, le besoin de se faire pardonner. Comédien hors pair, il se plaît à brouiller les cartes, menant ainsi sa victime à la confusion totale, à la dépersonnalisation, à la folie... Il s'aime tel qu'il est et **n'éprouve pas le moindre désir ou besoin de changer**. Le mal qu'il fait lui donne vie.

Pour lui, **les autres ne sont que des objets destinés à satisfaire ses désirs**. Ils n'ont aucune importance sur quelque plan que ce soit ; seul son intérêt guide son action. Et son intérêt est de s'approprier l'autre parce qu'il est un objet. De le transformer en une sorte de marionnette vidée de toute substance, pensées, émotions. À terme, un zombie.

C'est une pathologie grave et qui reste une pathologie parce que les gens ne se font pas soigner. D'autant plus profonde que toute culpabilité en est exclue. Elle provient souvent d'une éducation au cours de laquelle l'enfant a été considéré comme le maître de la maison, en dépit de toute hiérarchie familiale.

Comment vous protéger ? Une seule solution : prendre la fuite ! Le problème, c'est qu'on le reconnaît souvent trop tard et que la prudence serait de se méfier spontanément de toute personne qui se montre, au-delà du raisonnable, trop aimable, trop serviable, trop servile, trop séductrice...

QU'EST-CE QU'UNE PERSONNALITÉ TOXIQUE ?

Et, pour commencer, qu'est-ce que la personnalité ? Il s'agit de ce qui est montré d'une personne à travers son comportement, ses habitudes, et de ce qu'il y a à comprendre derrière le masque, ce qu'il en est de sa représentation d'elle-même et du monde, et de ses croyances les plus profondes.

C'est pourquoi **il est intéressant de savoir « décoder » les personnalités** de ceux que nous fréquentons afin de comprendre ce qu'ils vivent intérieurement, de mieux les accepter et, par conséquent, d'**agir avec eux d'une façon plus « adaptée »**.

Nous avons tous un trait de personnalité qui nous caractérise : nous pouvons être versatiles, timides, extravertis, colériques, anxieux, etc. Notre personnalité ne pose pas nécessairement problème ; **c'est notre comportement qui devient problématique lorsque notre personnalité se rigidifie et entraîne des réponses inadaptées à l'environnement**. Notre façon d'être se retourne alors contre nous et nous fait souffrir ou bien altère la qualité du lien à autrui. Voilà ce qui caractérise une personnalité toxique.

Par exemple, lorsque vous savez que vous allez rencontrer le PDG de votre société et que vous êtes fortement intimidé, le trouble que vous ressentez est tout à fait normal. Si vous n'éprouvez pas d'inquiétude ou de stress particulier, dans le cadre habituel de votre vie, à rencontrer de nouvelles personnes tant dans le domaine professionnel que privé, il est tout à fait naturel que, dans ce contexte-ci qui n'a rien de quotidien ni de familier, vous viviez cette rencontre avec une certaine appréhension.

Les personnalités toxiques auxquelles nous allons nous intéresser dans cet ouvrage souffrent, quant à elles, d'une **réelle difficulté d'adaptation** : elles se rigidifient, se sclérosent elles-mêmes et demeurent dans l'incapacité de « moduler » tant leur vision du monde que leur façon d'entrer en interaction avec celui-ci. Le problème, lorsque nous sommes en relation avec ces personnalités, c'est que nous ne savons pas comment nous comporter nous-mêmes. Que ce soit dans le cadre familial, amical ou simplement convivial, **elles provoquent souvent en nous des ressentis émotionnels que nous avons bien du mal à gérer** et qui induisent, de notre part, des comportements amplifiant le malaise, le mal-être, notre souffrance et celle de la personnalité toxique.

Quelle différence avec le pervers narcissique ?

Nous étiquetons bien trop souvent de « pervers narcissique » des personnes qui n'en méritent pas tant. Non, ce ne sont pas de grands méchants loups, comme le pervers narcissique ; ce sont des petits loups dont les coups de dent peuvent faire très mal, certes, mais que nous pouvons apprendre à affronter et à canaliser !

Reste que ces petits loups sont nombreux et que, curieusement, ils peuvent être très agréables à vivre avec certaines personnes et très malfaisants avec d'autres. Mais, à l'inverse du pervers narcissique qui est invalide du cœur à 100 %, les petits loups dont il est question dans ce livre **connaissent la peine, la culpabilité, le chagrin, la souffrance psychique**. Cependant, trop noyés dans leur propre souffrance ou face à une personne qui renforce celle-ci, l'alimente souvent sans le savoir, **ils n'ont pas toujours vraiment conscience de ce qu'ils imposent à autrui ou bien n'arrivent pas à s'en empêcher**. Ils n'agissent pas ainsi par plaisir, comme c'est le cas du pervers narcissique, mais parce qu'ils souffrent et ne peuvent faire autrement, consciemment ou non.

À NOTER

Chacun d'entre nous, en fonction du contexte, de notre vécu, de l'interlocuteur, peut être à son tour une personnalité toxique, dans une ou plusieurs situations données, ayant la capacité de faire du mal, de nuire, d'étouffer son prochain, de le manipuler, intentionnellement ou bien sans en avoir conscience.

D'où vient leur souffrance ?

Une enfance souvent douloureuse

La souffrance de ces personnalités vient souvent de leur enfance qui aura pu être, sur le plan affectif, frustrante ou douloureuse (à l'inverse du pervers narcissique, le vrai qui, lui, n'a généralement pas eu à se plaindre de celle-ci). C'est donc le poids de l'enfance, l'absence de loi paternelle, d'amour, de compréhension, d'éducation (au sens d'éveil au monde et aux autres), le manque d'estime de soi, de confiance en soi ou dans les autres qui constituent autant d'engrais à ce mal-être. **Et c'est ce mal-être que, plus tard, elles projettent sur les autres, parfois violemment.**

Il est bien question de violence psychologique, certes, mais elle n'est pas du même registre que celle des pervers narcissiques, et **on peut agir contre cette violence en apprenant à la comprendre** et en faisant la différence entre celui qui prend plaisir à faire mal (le pervers narcissique) et celui qui fait mal parce qu'il souffre (et qu'on peut aider à moins souffrir).

Mais si les personnalités toxiques prennent généralement leur source dans une enfance douloureuse, elles évoluent également, arrivées à l'âge adulte, dans un environnement malheureusement trop favorable à l'exacerbation de leurs problèmes.

Les dégâts de la société et du monde du travail

Notre société met en avant, de nos jours, des qualités qui, pour certaines, n'en sont pas vraiment mais font des dégâts réels :

- Le **culte de la beauté et de l'apparence**, qui pousse à une certaine discrimination en matière d'embauche, discrimination souvent inconsciente qui peut se faire aux dépens des compétences réelles. Il faut être « beau » selon les critères de la société, rentrer dans ses cases, que ce soit pour plaire ou pour convaincre.
- La **réactivité**, la **compétitivité**, qui exigent d'être performant, partout, tout le temps, ce qui génère stress, inquiétude, anxiété, pressions, ou bien un durcissement de son comportement allant jusqu'à la psychorigidité.
- Le **matérialisme**, très exacerbé, qui tend à évaluer la valeur d'un individu en fonction de son compte en banque ou de ses possessions. Cela pousse certains à une quête de réussite qui peut les amener à devenir autres que ce qu'ils étaient à l'origine.
- **Les affres du monde du travail :** trouver un emploi et le garder n'est pas chose aisée de nos jours, et dans ce monde en mutation dans lequel nous vivons, l'avenir est incertain. Cette inquiétude peut être le terreau de comportements toxiques, ce d'autant plus que la société nous pousse à toujours plus d'individualisme. L'autre peut alors être perçu comme un obstacle ou, pire, comme un ennemi à abattre. D'où une certaine paranoïa et des comportements peu amicaux à l'égard d'autrui. Seul compte « Moi ! » et tous les moyens sont bons pour se faire bien voir, y compris des manœuvres de séduction pour éliminer la concurrence. Des comportements souvent sollicités par les managers qui font fi de tout respect entre collaborateurs au nom de la rentabilité et des objectifs à atteindre pour tenir

le coup face à la loi du marché – il n'y a qu'à voir la tyrannie dont font preuve certains chefs de service ou certains patrons.

Il n'est donc pas étonnant, dans ce contexte, que l'on croise de plus en plus de personnalités toxiques, dans tous les domaines de la vie. Certaines, moins douées pour la lutte, seront écrasées et s'isoleront à l'extrême ; d'autres parviendront à développer une façon de voir le monde sans doute lucide mais redoutablement amputée d'humanité ; d'autres encore feront à leur tour partie de ceux qui écrasent, qui surpassent, qui « valent mieux que », ou en tout cas qui le croient.

À NOTER

Reste alors aux parents d'aujourd'hui la lourde charge de développer en leurs enfants la confiance en eux qui leur sera nécessaire pour faire preuve d'assertivité, qui est la capacité à affirmer et défendre ses droits sans empiéter sur ceux des autres. Ils doivent leur apprendre à affronter un monde qui, objectivement, est dur, tout en faisant éclore en eux le goût des autres et des valeurs humaines, basées sur le respect de l'autre et de soi-même.

Voyons maintenant plus en détail les différents types de personnalités toxiques et les souffrances qui les poussent à se comporter ainsi.

Chapitre 2

Les personnalités narcissiques et histrioniques

De toutes les personnalités toxiques que nous allons voir dans cet ouvrage, les personnalités narcissiques et histrioniques sont peut-être les plus difficiles à supporter. En effet, leur comportement essentiellement centré sur elles-mêmes rend complexe la mise en place de toute relation authentique, sincère et durable.

La personnalité narcissique, tout comme la personnalité histrionique, souffre d'un réel et très profond manque de confiance en elle. Mais ces deux types de profils mettent en œuvre des mécanismes différents pour faire échec à ce manque et susciter de l'intérêt, de l'attraction, des liens, en dépit du peu de valeur que ces personnalités se reconnaissent.

LA PERSONNALITÉ NARCISSIQUE

En réalité, nous sommes tous plus ou moins narcissiques – il suffit de regarder le succès de Facebook pour s'en convaincre : une étude récente, publiée par une équipe de chercheurs de l'université Brunel de Londres, a montré un lien direct entre notre degré de narcissisme et le nombre d'amis virtuels que nous avons ; plus ce nombre est élevé, plus cela témoigne de notre narcissisme. De même, plus narcissiques que la moyenne sont les personnes qui changent souvent de photo de profil et/ou qui mettent régulièrement à jour leur page... C'est fou comme le narcissisme est partagé, dans notre société !

Il existe un narcissisme bien tempéré. Et ce narcissisme est nécessaire pour entrer en bonne résonance avec notre environnement : en effet, **il faut s'aimer suffisamment pour être bien dans sa vie**, dans les actes que nous posons, les engagements que nous prenons et les projets que nous désirons mener à terme. Il faut aussi s'aimer et avoir la capacité de se sentir aimé pour pouvoir aimer. En bref, savoir donner et recevoir dans une relation équilibrée qui exclut toute frustration illégitime et/ou un quelconque sentiment de toute-puissance.

Un narcissisme bien pondéré permet de vivre les épreuves les plus difficiles de notre vie (deuil, rupture, chômage) sans se sentir pour autant désintégré, anéanti, pulvérisé. Une fois le choc passé, la capacité de rebond est disponible. Le bon narcissisme permet également l'empathie, car il ouvre la sensibilité à autrui, sait donner sans effort des marques d'attention, et s'il goûte agréablement la reconnaissance d'autrui, il est également capable de s'en passer car il n'en est pas dépendant. Ce narcissisme fait lien avec le monde et ce que la personne y vit.

Mais il existe aussi des pathologies du narcissisme et vous connaissez très certainement, dans votre entourage professionnel, amical ou familial, une ou plusieurs personnes dont la personnalité s'exprime soit par un **excès d'amour de soi, d'égoïsme, de superficialité des sentiments, de manque d'empathie**, soit par une **insuffisance manifeste de narcissisme.**

Qui est-elle ?

Priscilla

Quand je demande à **Priscilla** de parler d'elle, elle n'hésite absolument pas à dire qu'elle est une femme exceptionnelle. Elle se trouve très agréable à regarder, avenante et, me dit-elle en riant : « *Je n'ai aucun mal à séduire qui je veux !* »

Je veux bien la croire car ici, dans mon cabinet, elle fait tout pour être séduisante. Elle minaude, cherche par ses réponses à me faire plaisir ; sentant que j'aime les jeux de mots, elle en use parfois à tort et à travers... Bref, elle joue le grand jeu de la patiente 100 % investie dans son travail sur elle-même.

À la question « *Qu'est-ce qui vous intéresse le plus dans la vie ?* », elle répond : « *Être populaire.* » Elle aime être populaire au sein de son entreprise, de son groupe d'amis, qu'on la remarque partout où elle va. Que ce soit au théâtre, au restaurant, il lui faut être celle que les autres admirent.

Elle me dit souffrir lorsqu'une autre femme lui vole la vedette, attire plus les regards qu'elle-même et, avoue-t-elle, elle sent alors poindre en elle envie et jalousie. Et c'est d'ailleurs parce que l'envie la tenaille et qu'elle voudrait bien s'en débarrasser que Priscilla vient me voir. Elle souffre d'être constamment en train de surveiller,

partout autour d'elle, où que ce soit, si une autre femme ne serait pas susceptible de lui faire de l'ombre.
Âgée de 25 ans, elle commence à s'inquiéter d'un célibat qui dure un peu trop à son goût. Certes, elle a des aventures, mais elles sont sans lendemain. Quand je lui demande pourquoi, elle me répond une chose qui m'étonne : « *Je suis tellement super que je suis certaine que je fais peur aux hommes. Autrement, pourquoi ne resteraient-ils pas avec moi ?* »
Elle me dit rêver d'un homme qui soit son égal. C'est-à-dire beau, intelligent, cultivé, gentil, viril, tendre, attentif, sociable et… tout entier à sa dévotion. Quand je lui demande si elle se comporte ainsi dans ses relations amoureuses, elle élude et me dit que, jusqu'à présent, elle n'est pas encore tombée sur le bon numéro. Mais que, grâce au travail que nous faisons ensemble, elle va trouver.
Je me dois de la mettre en garde, car ce qu'elle cherche n'existe pas. On ne rencontre pas un homme idéal ou idéalisé ; on rencontre un homme de chair et de sang avec ses qualités et ses défauts. Il serait illusoire de vouloir attendre plus. Elle me répond avec arrogance que c'est peut-être valable pour les autres mais que, pour elle, il ne peut en être autrement : elle ne peut vivre qu'avec un homme aussi exceptionnel qu'elle.
Elle ne doute de rien, Priscilla… et agit de même dans le cadre du travail. Aujourd'hui, elle est très en colère car on lui a refusé une promotion que, de son point de vue, on lui devait. Elle présume que le collègue qui a eu l'honneur d'être promu a sans doute usé de méthodes peu orthodoxes pour obtenir ce poste qu'elle convoitait. Quand je lui demande de parler de ce collègue, de le situer hiérarchiquement par rapport à elle, il s'avère que c'était son patron direct. Lorsque je lui fais remarquer que ses compétences étaient peut-être plus appropriées à l'avancement qui lui a été donné, Priscilla nie et explique que c'est elle, la pierre angulaire de tout le service, que sans elle, rien ne fonctionnerait, et qu'elle subit là une réelle injustice.

Priscilla m'affirme que tout ce qu'elle fait est bien. Qu'il est impossible de la critiquer, surtout sur le plan professionnel où elle s'investit tout particulièrement. Elle a un mal fou à prendre du recul par rapport à ses actions.
Pendant tout l'entretien, je n'ai entendu parler que de Priscilla et de tout ce qui tourne autour d'elle, pour elle, pour son avantage exclusif. Pas un seul mot indulgent, empathique… non, décidément, pour Priscilla, seule compte Priscilla.

Décodage

À travers l'exemple de Priscilla, nous pouvons toucher du doigt le **sentiment de toute-puissance** qui anime les personnalités narcissiques, toute-puissance qui fait que rien ne pourrait leur résister et que l'échec, lorsqu'il se produit, constitue une véritable insulte à leur personne.

Lui, encore lui et toujours lui

Le narcissique n'aime que lui, et c'est la raison pour laquelle il est **incapable de faire preuve d'empathie ni de s'intéresser à autrui**. Exclusivement centré sur lui-même, toute fin, même la moins honorable, justifie les moyens. C'est la raison pour laquelle **mensonges et manipulations font partie de sa panoplie**. Il est prêt à tout pour obtenir ce qu'il veut et les lois et règlements lui sont indifférents : ils valent pour « les autres », oui, mais sûrement pas pour lui, qui est un être d'exception !

Le narcissique cherche par tous les moyens à éblouir son monde et attend de ce dernier des applaudissements qu'il juge plus que mérités. L'unique raison d'être d'autrui est, selon lui, d'éprouver force admiration à son égard. Si l'admiration cesse, l'autre n'a plus aucun intérêt et, du jour au lendemain, est à jeter aux oubliettes.

Les sentiments du narcissique sont plus que superficiels… et, au fond, **il n'envisage de relation qu'intéressée.**

DES FAIBLESSES INSURMONTABLES

Comme il est très dépendant de l'admiration qu'il a besoin de provoquer, vous comprendrez sans mal qu'il ne supporte pas les critiques, car elles sont pour lui autant d'humiliations, tout comme il ne supporte pas l'échec, ce dernier le renvoyant à lui-même, à son illusion de toute-puissance, et l'amenant à se déprécier. Il se croit parfait et toute remise en cause de cette croyance le fragilise et se révèle nécessairement douloureuse.

Ainsi, contrairement à ce qu'il donne à penser, il arrive que le narcissique doute de lui-même. Mais comme il est très orgueilleux, il refuse toute aide : accepter d'être aidé, ce serait perdre la face, manifester une vulnérabilité, une faiblesse qu'il est incapable de dévoiler, encore moins d'assumer.

Hypercompétitivité et hypercontrôle

Paradoxalement, la personnalité narcissique, si elle est dans la séduction, **refuse de voir l'autre séduire.** Cela est manifeste tant dans le milieu du travail qu'amical ou familial. La personnalité narcissique sera aux aguets afin de détecter l'éventuel rival. Rival dont le narcissique se montrera d'ailleurs fortement jaloux. Il en sera de même avec sa compagne ou son compagnon, qu'il aura **tendance à contrôler.** Si l'autre doit impérativement être un faire-valoir dont il peut se vanter, il doit l'être d'une façon *raisonnable,* c'est-à-dire d'une façon qui ne fasse pas d'ombre au narcissique !

Sûre de ses moyens de séduction, de ses qualités, la personnalité narcissique est facilement arrogante et se révèle **hypercompétitive dès que l'occasion se présente.** Au travail, elle se donne à fond pour être la meilleure et susciter l'envie. Il en est de même dans le domaine sportif : le narcissique se doit d'être la vedette, celle qui récolte gloire et admiration. Perpétuellement en quête de compliments, il exagère ses performances, ses compétences et, comme la compétition est un facteur essentiel pour lui, afin de « gagner » l'admiration, il n'hésite pas **à dénigrer et dévaloriser les autres, à les mépriser.** Dans une discussion, il veut toujours avoir le dernier mot.

Que ce soit en famille ou au travail, la personnalité narcissique **contrôle tout** et se révèle **très exigeante vis-à-vis d'autrui.**

UNE PERSONNALITÉ SOUS PRESSION

En somme, le narcissique s'impose énormément de pression. C'est d'ailleurs la raison pour laquelle il sombre parfois dans la drogue, l'alcool ou la dépression. En son for intérieur, il subit la pression de ses idéaux, trop forte, qui fait naître un sentiment d'insatisfaction ou d'échec.
C'est aussi la raison pour laquelle il connaît un sentiment intense de frustration, frustration qu'il exprime par des colères souvent violentes ayant pour but de le punir de ses propres insuffisances lorsqu'il n'est plus possible de les cacher. **Ce n'est donc pas contre vous qu'il se met en colère, mais contre lui-même.**

Tout ce qui précède résulte d'une insuffisance dans la construction du narcissisme de cette personnalité. Et cette insuffisance a des conséquences de taille dans ses relations sociales :

- elle doute régulièrement de sa capacité à être aimée ;
- elle éprouve un besoin constant d'être rassurée ;
- elle met tout en œuvre pour être objet d'admiration dans le regard d'autrui.

Et lorsque l'admiration n'est plus, la personnalité narcissique est dotée des capacités nécessaires pour recréer un nouvel environnement qui lui permettra de séduire dans un premier temps, puis, en raison de son égocentrisme (le seul sujet qui l'intéresse, c'est elle-même) et de son manque d'empathie, de décevoir à nouveau. La personnalité narcissique vit un **cycle infernal, incessant**.

À NOTER

Le problème, avec cette personnalité, c'est qu'elle se sent tellement au-dessus des autres qu'elle accepte difficilement de voir un médecin, un psychologue ou autre thérapeute. Seules la dépression ou les difficultés conjugales peuvent lui faire prendre conscience du problème et l'amener à consulter.
À noter également qu'il y a plus de narcissiques chez les hommes que chez les femmes, contrairement à ce que l'on pourrait penser.

D'où vient-elle ?

On ne naît pas narcissique ; on le devient. **L'éducation reçue pendant l'enfance joue en effet un rôle majeur :** le comportement des parents à l'égard de leur enfant peut avoir une influence négative lors de la construction psychique de ce dernier.

Trois écueils éducatifs

Il existe notamment trois grands écueils éducatifs qui peuvent amener un enfant à construire, pour sa protection psychologique, une personnalité narcissique :

- **Souffler le chaud et le froid :** des parents qui, d'un instant à l'autre, manifestent force admiration puis une profonde dépréciation à l'égard de leur enfant contribuent à la construction d'une personnalité narcissique. Ainsi, lorsque l'enfant a été alternativement considéré comme la huitième merveille du monde puis brusquement humilié par ces mêmes parents, qui lui font alors violemment sentir qu'il est moins que rien, il est profondément blessé. Et comme l'essentiel pour lui est d'être aimé de ceux-ci, il va éprouver le désir de les satisfaire, mais il n'en a pas vraiment les moyens et il ne se sent jamais à la hauteur. Il va alors mettre en œuvre un mécanisme de défense qui est du registre de l'illusion totale, à savoir : « *Je suis tout-puissant, et comme le monde extérieur est décevant, je suis à moi-même mon propre centre du monde* ». C'est le seul moyen inconscient qu'il a trouvé pour survivre et ne pas se sentir morcelé.
- **L'enfant faire-valoir :** les parents utilisent leur enfant comme un objet dont la fonction est de satisfaire leurs propres narcissismes, un objet qui leur sert alors uniquement de faire-valoir. Ainsi, à défaut d'être un sujet à part entière, sa vocation est de susciter chez la famille, les amis, les autres parents, toutes les personnes extérieures rencontrées, une admiration, non pas pour l'enfant à proprement parler, mais pour ses parents tellement exceptionnels ! Ce n'est pas l'enfant qui compte ; celui-ci, bien sûr, en prend conscience et, hélas, joue le jeu de ses parents. Il devient ainsi dépendant du regard d'autrui, ne peut se construire en tant que sujet et demeure immature sur le plan narcissique.

- **L'illusion de perfection et de toute-puissance :** il existe une troisième voie pour faire d'un enfant normal un enfant doté d'une personnalité narcissique, et celle-ci est peut-être la plus courante. Fous de leur enfant, les parents sont dans l'admiration aveugle de celui-ci et manquent cruellement de discernement et de sens critique en ce qui le concerne. Quoi qu'il fasse, c'est parfait ainsi et ne saurait être remis en question. L'enfant n'est donc pas réellement éduqué puisque les limites nécessaires à sa construction ne lui sont pas données et qu'il acquiert vite l'illusion de pouvoir tout faire et de pouvoir satisfaire le moindre de ses désirs sans aucune restriction. L'enfant est alors victime de l'illusion parentale, et comme celle-ci est très confortable, il l'adopte. Il se considère, au plus profond de lui-même, effectivement comme un être exceptionnel que très peu de personnes peuvent mériter. Il développe donc une suffisance, une vanité qui sont incompatibles avec la création de liens profonds authentiques.

UN NARCISSISME INABOUTI

Freud a donné une explication psychanalytique au narcissisme. Il distingue ainsi deux formes de narcissisme : le narcissisme primaire et le narcissisme secondaire.

Le narcissisme primaire se nourrit de l'amour inconditionnel des parents. Il permet le développement de l'identité propre de l'enfant ainsi que le développement d'un sentiment d'identité et de sécurité. En prenant soin de leur enfant, les parents contribuent à développer l'amour que l'enfant se porte à lui-même et ils mettent à sa disposition, dans le même mouvement, toute une réserve d'amour pour les autres, lui donnant ainsi le droit d'exprimer la personne qu'il est. Voilà ce qu'est le narcissisme secondaire : la

possibilité de donner à autrui l'amour que l'on a reçu et que l'on se donne à soi-même.
C'est lorsque les relations se construisent mal entre l'enfant et les parents que le narcissisme ne peut atteindre ce second stade. Et c'est l'enfant, bien entendu, qui va en faire les frais dans la mesure où il souffrira cruellement d'un manque de confiance en soi et développera un « faux self » (un faux soi), c'est-à-dire qu'au lieu de se percevoir et de se donner à voir tel qu'il est authentiquement, l'enfant a une vision erronée de lui-même, biaisée par le rôle ou l'image que ses parents lui ont attribué, et retransmet cette même image erronée vers l'extérieur, avec toute la panoplie de comportements inadaptés qui correspond, notamment un ensemble de manières de pensée, de s'exprimer et d'agir visant à se faire aimer.

Comment souffre-t-elle ?

Vous comprendrez aisément, donc, que cette personnalité est dotée d'un moi fragile, mal étayé. C'est pourquoi elle souffre d'un **réel manque de confiance en elle**. Bien sûr, tout dans son attitude le dément. Il faut une longue pratique de cette personnalité pour percevoir la blessure qui est au plus profond d'elle-même. C'est la raison pour laquelle **tout rejet est, pour elle, réellement invivable et source de tourments douloureux.**

Quand le doute devient souffrance

En effet, le problème de cette personnalité narcissique est qu'elle ne ressent de sensibilité que pour elle-même. C'est pourquoi, lorsque votre attitude sort du cadre de l'admiration, cadre dont elle a besoin pour se sentir en sécurité, se sentir vraiment exister, vous suscitez le doute. Le problème chez la personnalité narcissique, c'est que ce doute englobe toute sa personne, toute sa personnalité. **Aussi doute-t-elle très vite de sa capacité de séduction, de ses compétences, de sa légitimité à exister et, bien pire, de sa capacité à être aimée.** Tous ces ressentis sont à proprement parler insupportables, surtout lorsque l'on est doté d'un tel ego !

Une personnalité fragile, malgré les apparences

Il faut, en fin de compte, peu de chose pour entamer le confort psychologique que lui apporte l'admiration d'autrui. Il suffit, par exemple, qu'une personne proche réussisse aussi bien ou mieux que le narcissique. Au lieu de s'en réjouir, il vivra cette expérience comme quelque chose qui l'ampute, lui enlève une part de son propre prestige... et surtout de son intégrité psychique.

Le moindre désaccord est pour lui signe d'abandon, tout comme la plus petite critique manifestant ouvertement sa faiblesse ou son incompétence. Et si le narcissique perçoit sa faiblesse ou son incompétence, le reste du monde en a nécessairement une vision aveuglante, ce qui est insupportable à vivre pour lui.

Il y a chez le narcissique un **risque réel de se sentir désorganisé, morcelé, étouffé, pulvérisé dans le chaos**. Très fragile, en dépit de son attitude de matamore, le moindre grain de sable dans sa machinerie bien huilée lui donne le sentiment de ne plus exister et le plonge alors dans une dépression qui peut être sévère.

De plus, en raison de son comportement, le narcissique accumule les ruptures (amoureuses, amicales, familiales, professionnelles, etc.) et celles-ci, avec le temps, sont de plus en plus difficiles à accepter, à supporter. **À chaque rupture, il perd le support de l'autre, support qui lui donne l'illusion de sa supériorité et**

de sa toute-puissance. La succession de ruptures le fragilise de plus en plus. Il n'est pas étonnant qu'un jour, il s'effondre.

À NOTER

On peut dire de cette personnalité qu'elle est « clivée », car elle passe de la toute-puissance à l'impuissance, de l'idéalisation la plus fantasmée à la dévalorisation la plus torturante, de l'illusion de bonheur à la dépression la plus douloureuse.

Une incapacité à l'amour

Ainsi, le narcissique est dépendant du regard de l'autre et cette dépendance constitue son talon d'Achille, car elle est **source de réelles souffrances**. Somme toute, Narcisse est un colosse aux pieds d'argile qui souffre de n'aimer que lui et d'être, du coup, incapable d'aimer les autres. Il se dessèche humainement : c'est une forme de mort.

Comment nous fait-elle souffrir ?

Il faut bien reconnaître que **la relation avec un ou une narcissique est par définition une relation usante**. En effet, vous avez devant vous, à vos côtés, une personne qui est en permanence en quête de reconnaissance. Comme cette personnalité est **souvent très susceptible**, si vous oubliez de la complimenter, d'applaudir des deux mains à la moindre chose qu'elle réalise, vous vous exposez à subir un feu de questions, toujours les mêmes : « *Comment m'as-tu trouvé ?* », « *Que penses-tu de ma prestation ?* », « *Avoue que j'ai été pas mal, hein ?!* ».

Mais les difficultés sont bien plus nombreuses encore, et aux conséquences souvent pernicieuses.

Vous manquez d'écoute et de soutien

Si vous vous devez de l'écouter, de prendre en compte ses moindres désirs, de vous préoccuper de lui ou elle en permanence, en revanche, n'attendez pas du narcissique qu'il vous écoute : vos désirs, vos demandes, il ne peut les entendre car ils sont différents des siens. **Il ne peut écouter que ce qui fait écho à ses propres désirs, à ses propres besoins. Le reste n'existe pas.**

Vous allez donc connaître avec cette personnalité narcissique de grands moments de solitude ! **Ne comptez pas sur son épaule, sur des paroles de réconfort si vous êtes dans la souffrance physique ou morale.** Le monde se limitant à lui-même, le narcissique ne perçoit pas la détresse dans laquelle vous êtes. C'est d'ailleurs la raison pour laquelle **il manque totalement d'empathie.** À dire vrai, vous l'ennuyez, et lorsque vous faites état de votre tristesse, de votre chagrin, il vous répond : « *Mais arrête de te plaindre !* » Rappelez-vous que les seuls sujets de conversation dignes d'intérêt, pour lui, sont justement ceux qui tournent autour de lui (voir p. 25).

Vous allez donc, au choix, soit apprendre à gérer la solitude affective que vous ressentez, soit exploser, tenter de le réveiller à la réalité du monde tel qu'il est et, constatant que c'est impossible, demander de l'aide auprès d'un thérapeute.

La réussite vous est interdite

Ne vous avisez pas non plus de réussir mieux que lui ! Il lui faut toujours tenir la vedette, et si vous réussissez professionnellement, ou même, plus prosaïquement, si vous excellez dans l'art de la conversation au cours d'un dîner, vous lui ferez involontairement de l'ombre. Comme il se sentira dévalorisé, il vous habillera de son linge en proclamant : « *Décidément, il n'y en a que pour toi !* »

À NOTER

S'il lui arrive, à l'inverse, de vous faire des compliments, méfiez-vous : il veut obtenir quelque chose de vous et vous manipule. N'oubliez pas qu'il n'envisage toute relation que de façon totalement intéressée (voir p. 25).

Communiquer sainement ? Impossible !

D'une manière générale, conséquence directe de tout ce que nous venons de voir, en présence d'une personnalité narcissique, il est très difficile de dire clairement, franchement ce que l'on pense. **D'où des dialogues souvent biaisés, au cours desquels on tourne autour du vrai sujet de préoccupation sans jamais l'évoquer frontalement.** Tout le monde n'est pas à l'aise dans cette façon de communiquer, qui n'est d'ailleurs pas très saine, et, tant dans le domaine amical que professionnel ou familial, cela demande une attention soutenue qui devient, à la longue, insupportable.

AVEC LE NARCISSIQUE, LES DISPUTES SONT LÉGION !

Est-il nécessaire d'ajouter que les scènes de ménage dans le cadre conjugal sont fréquentes et qu'elles tournent toujours autour d'une fantasmatique volonté de prise de pouvoir, soit au sein de la famille, soit au sein du couple proprement dit ? Elles prennent également souche dans les mensonges réels ou par omission que la personnalité narcissique n'hésite pas à utiliser pour préserver sa

→

place de premier ou passer sous silence une action peu reluisante susceptible de ternir son aura. Si vous parvenez à faire la preuve de son mensonge, le narcissique va nier farouchement et vous accuser de lui faire de vilains procès d'intention.

Des conséquences lourdes pour les enfants

Dans le cadre de la famille, le père narcissique, face à ses enfants, se pose en Superman – et si c'est la mère, en Superwoman... **Les enfants sont là pour admirer les parents et leur servir de faire-valoir.** Le parent narcissique va manipuler son enfant avec aussi peu de culpabilité qu'il en manifeste vis-à-vis d'autrui, et va lui faire comprendre que son devoir d'enfant est tout simplement de faire en sorte que l'on (le narcissique, donc) soit fier de lui en permanence. Les besoins réels de l'enfant ne seront pas pris en compte lorsqu'ils n'entreront pas dans le champ de ce que le parent narcissique attend de sa progéniture. D'où, très souvent, des **relations très superficielles et une indifférence aux vrais problèmes que l'enfant peut rencontrer** – avec le risque que l'on connaît de contribuer à développer chez l'enfant lui-même, dans le futur, une personnalité narcissique (voir p. 29).

LA PERSONNALITÉ HISTRIONIQUE

Le mot « histrion », qui vient du latin *histrio* signifiant « comédien », désigne un acteur antique qui jouait des farces grossières. Par extension, ce terme désigne une **personne qui joue un rôle, se donne en spectacle de manière grossière et ridicule, en mettant en œuvre des moyens outranciers.**

La meilleure illustration de l'histrionique, c'est la Castafiore : un personnage extravagant, théâtral, qui ignore totalement le naturel et pour qui l'expression relève de l'art dramatique. À l'inverse du narcissique, la personnalité histrionique manque de finesse, de subtilité et tombe d'emblée dans l'excès. Le narcissique sait s'arrêter, car il tient à être admiré. L'histrionique, lui, est adepte de la faute de goût !

La personnalité histrionique ne se soucie guère de partage, de participation enrichissante pour tous dans son commerce avec autrui ; non, ce qui la motive principalement, c'est son **besoin vital d'attirer l'attention, par tous les moyens**.

Qui est-elle ?

Francis

Francis est carrément mythomane. Il invente sa vie jour après jour, se construit un passé en fonction de la personne qu'il a devant lui. Et se fait piéger par ses affabulations. Il peut s'inventer un curriculum vitae, quitte à prendre le risque d'être démasqué et licencié. Il fanfaronne, se pare de compétences qu'il ne possède pas. Il ne vit pas sa vie : il la joue et se donne le beau rôle.

L'ensemble de sa vie, sur le plan professionnel, amical, amoureux, donne un aspect profondément chaotique, incohérent, sans aucune logique… Ses amis s'en servent comme objet de risée ou animateur de soirée, mais ne lui portent pas une vraie amitié. D'où une fragilité des liens qui, au fond, le désespère. Même scénario au sein de sa famille où il est la personne infréquentable car, souvent, objet de scandale au cours des réunions familiales. Résultat : on ne l'invite plus.

Son sens moral et son honnêteté sont à géométrie variable, ses interlocuteurs ne le sentent pas sincère car « il en fait trop » et veut séduire à tout prix… jusqu'au ridicule, parfois.

Il est Don Juan incarné et ne compte plus ses conquêtes, car il est sûr de lui et de son magnétisme, de sa capacité à faire rire les femmes. Vaniteux, vantard, il collectionne les aventures qui ne mènent à rien et se révèle incapable de construire une vraie relation. Francis séduit car il est original, fantasque, hors cadre, il ne correspond pas aux normes et cela est attirant. Dans un premier temps, on ne s'ennuie jamais avec lui car on ne sait pas quelle fantaisie il va mettre en œuvre. Le problème, c'est que plus il est en confiance dans la relation, plus il va loin dans ses actions et comportements, et risque de déraper...
Si bien qu'à la longue, son instabilité émotionnelle lasse ses conquêtes, voire les fait fuir, et ne lui permet pas de créer une relation stable. Il s'agit presque toujours de ruptures brutales, violentes, avec chantage au suicide, menaces, etc.

Décodage

Avec Francis, exemple type de la personnalité histrionique, vous voyez que nous ne sommes pas dans la demi-mesure ni dans l'acceptation des règles sociales. Passant son temps à jouer plusieurs rôles – car il a plusieurs rôles à son arc –, Francis évolue sur le théâtre de la vie.

Un comédien qui s'ignore... et qui se cherche
La personnalité histrionique a un **irrépressible besoin de se mettre en scène pour qu'on la remarque**. Tout est bon : le vêtement, l'attitude, le maquillage, le vocabulaire... et le mépris le plus profond pour les règles de bienséance.

L'histrionique est d'ailleurs **préoccupé par son corps, son apparence, sa santé**. Souvent **hypocondriaque**, il se range bien souvent dans la catégorie des malades imaginaires. Il est toujours prêt à dépenser des fortunes pour des opérations esthétiques dont il n'est jamais satisfait. La personnalité histrionique éprouve même parfois le besoin de changer de sexe, espérant ainsi enfin se trouver.

Personne d'autre ne compte

Comme dans le cas du narcissique, l'histrionique est égocentré sur lui-même d'une façon quasi absolue ; les autres, leurs besoins, leurs attentes lui sont totalement indifférents. **Seule la personnalité histrionique doit tenir le devant de la scène ; tout concurrent potentiel est donc à éliminer.** Elle peut même avoir des comportements franchement antipathiques et, par exemple, excellera dans les imitations qui peuvent porter atteinte à ses amis ou usera de moqueries souvent assassines.

Comme seul son intérêt prévaut, **ses sentiments pour autrui fluctuent en fonction de cet intérêt**. Tant qu'on lui laisse toute la place, on est aimable, digne d'attention (ou plutôt, digne de lui manifester de l'attention). Ne pas lui laisser toute la place serait en revanche source d'une frustration insupportable. On nage, avec lui, en plein dans la **superficialité des sentiments** et les relations sont, là encore, **fortement intéressées**.

Une hyperactivité émotionnelle, source d'instabilité

Les histrioniques ont ainsi en permanence besoin de valorisation narcissique et, lorsqu'ils ne l'obtiennent pas, font preuve d'une **émotivité excessive**. Un rien, d'ailleurs, les met dans un état d'inconfort émotionnel dont vous n'avez pas idée. Il y a, dans cette personnalité, une **profonde difficulté à prendre du recul par rapport aux événements**. Tout ne peut être que source de drame... ce trait de caractère explique sans doute **l'humeur instable qui les caractérise**. En effet, si le moindre nuage est susceptible de générer une tempête, le moindre rayon de soleil plonge, à l'inverse, l'histrionique dans le ravissement !

Il recherche ainsi tout ce qui peut nourrir ce besoin d'intensité, d'hyperactivité émotionnelle. Ces personnalités sont donc souvent attirées par le mysticisme, le paranormal, la voyance, la croyance en la possession (du diable, bien évidemment !), les vies antérieures, les miracles. Souvent, leur tendance à l'affabulation se nourrit d'histoires les concernant dans lesquelles ils ont été agents, témoins ou victimes de miracles. Et c'est peut-être la raison pour laquelle la personnalité histrionique, **afin de se protéger de la violence de son émotivité, évite, fuit toute relation authentique**.

Une personnalité immature

Sous l'emprise de son hyperactivité émotionnelle, où qu'il soit, il lui est **impossible de faire preuve de concentration** : il est incapable de se focaliser sur un dossier plus de 10 minutes, de faire l'effort de suivre une conversation plus de 30 secondes. Vous vous doutez bien que cette incapacité lui joue des tours et que les résultats scolaires, universitaires ou professionnels ne sont pas à la hauteur de ce qu'il en dit lui-même ! Car, à l'entendre, bien évidemment, c'est un caïd, un cador.

À ce manque de concentration se joint un manque d'introspection. L'histrionique s'avère **incapable de voir ses erreurs, de se corriger**, et donc d'évoluer vers un mieux. S'ajoute encore à ce tableau une impossibilité totale de rationaliser : il ne vit pas dans le réel, il joue les vies qu'il se rêve, il est incapable d'être objectif.

Cette personnalité présente donc une immaturité notoire. Et c'est d'ailleurs la raison pour laquelle elle ne peut vivre que dans un environnement protecteur et maternant. En effet, l'histrionique est **inhibé et passif**, et donc **fortement dépendant des autres**.

Le problème de cette immaturité est que la personnalité histrionique est **totalement inconsciente de son comportement et des conséquences de celui-ci**, et aura donc grand mal à reconnaître son problème et à le prendre en main.

À NOTER

Il faut cependant nuancer notre propos car l'on constate qu'avec l'âge, les traits les plus saillants, les plus défavorables de cette personnalité tendent à s'estomper (voir l'encadré « Tout n'est pas perdu ! », p. 47).

D'où vient-elle ?

La genèse de la personnalité histrionique naît de la conjonction de plusieurs facteurs, souvent éducatifs.

L'environnement familial et social joue ainsi un rôle important. Le **laxisme**, la **complaisance**, l'**absence de discernement et de critique** des parents face au comportement de leur enfant sont à prendre en considération. En effet, comment peut se construire un enfant à qui l'on ne fixe pas de limite ?

L'**incohérence des parents dans l'éducation** est également fort préjudiciable à l'enfant : que peut bien ressentir ce dernier devant des parents qui sanctionnent très sévèrement certains comportements et en laissent passer d'autres qui leur sont pourtant semblables ? Il en résulte de la confusion, source d'angoisse pour l'enfant, et un handicap réel à la construction de son identité propre, puisque n'ayant pas de repères stables à partir desquels bâtir sa personnalité.

Il arrive également que l'enfant **ressente une absence de son père ou de sa mère** – pas nécessairement physique : le parent peut être présent au quotidien, mais ne pas s'occuper de son enfant, l'ignorer ou se révéler démissionnaire. Pour être certain que son parent s'occupera de lui ainsi qu'il en a besoin, l'enfant cherche alors à s'en faire remarquer par tous les moyens : charme, séduction, pitreries, mise en scène d'un petit théâtre de ses émotions. Il met en œuvre beaucoup de choses pour capter l'attention du parent défaillant.

Et puis, il faut bien le dire, il existe des parents à qui il est nécessaire de mentir, qu'il faut manipuler pour en obtenir l'intérêt et se sentir momentanément valorisé. Exister, enfin !

Mentionnons enfin ces **parents particulièrement toxiques qui mettent en avant l'importance du paraître, du physique pour réussir dans la vie au détriment des aspects fondamentaux de l'être humain**. Ces parents-là sont par exemple ceux de ces vedettes de téléréalité qui, une fois l'épisode de célébrité factice passé, s'effondrent, ne supportant pas l'anonymat, le face-à-face avec soi-même, le vide existentiel dans lequel elles doivent alors se refléter. C'est ainsi qu'elles peuvent plonger dans l'alcoolisme, la drogue, la violence physique, la petite délinquance, avant de s'effondrer totalement.

À NOTER

Il peut également y avoir, à la base de la personnalité histrionique, une cause génétique impliquant des modifications cérébrales, information importante et qui peut nous conduire à porter sur cette personne un regard plus bienveillant.

Comment souffre-t-elle ?

Cette personnalité révèle en elle une **extrême fragilité**. Elle essaie par tous les moyens de masquer une souffrance réelle et profonde. Au fond d'elle-même, **elle se trouve sans valeur, sans intérêt et ressent une grande vulnérabilité**, et ses comportements excessifs, ses mises en scène exagérées, les rôles qu'elle endosse à tour de bras ne sont là que pour pallier ce manque de valeur.

La vie de la personnalité histrionique est par ailleurs accidentée. C'est un **cercle vicieux** : vous vous doutez bien que la cascade de ruptures à répétition qu'engendrent ses comportements ne peut que générer un **sentiment de manque de valeur et de faiblesse face à l'existence, qui s'accentue de déroute en déroute**. Or, sa dépendance par rapport à l'attitude d'autrui est extrême ; aussi, quand la personnalité histrionique n'est plus le centre de l'attraction, elle éprouve un **profond sentiment d'abandon, voire de perdition**.

Comme il est impossible de répondre à tous ses besoins, quoi que l'on fasse, elle souffre de **frustration intense**. La violence de cette frustration peut l'amener à faire des tentatives de suicide ou bien à chercher l'oubli dans l'alcool et les drogues. *A minima*, cette frustration douloureuse s'exprimera par des pleurs, des colères, des crises de nerfs, autant d'épisodes qui entretiennent son hyperactivité émotionnelle.

Cette personnalité est d'ailleurs la première victime de son émotivité excessive : c'est cette dernière qui la pousse à **commettre des actes inconsidérés** (comme se donner en spectacle, éclater en sanglots pour un rien, rire d'une façon hystérique...) susceptibles d'avoir des conséquences sur sa santé physique :

tachycardie, panique, crises d'angoisse, douleurs diffuses dans tout le corps, etc.

Ce besoin de vivre intensément, cette tendance à remplacer le sentiment par la sensation – si possible intense – renforcent sa dépendance (aux autres, aux émotions, aux situations). L'histrionique étant **très influençable**, il peut facilement se retrouver dans des situations très dangereuses pour lui afin de quémander ce dont il a besoin.

À NOTER

Ainsi, son attirance pour le mysticisme, le mystère, les vies antérieures peut l'amener à fréquenter des sectes, à pratiquer des activités sportives insensées, à se mettre réellement en danger tant psychiquement que physiquement. Il est la proie rêvée des gourous de tous poils...

UNE SEXUALITÉ COMPLEXE

L'histrionique rêve sa sexualité, qui n'est pas toujours à la hauteur de ses fantasmes. Car il fantasme énormément. Il multiplie les relations à risque parce qu'il joue sa vie et que se mettre en danger fait partie du jeu : cela le fait frissonner.
Les fréquents troubles de la sexualité qu'il connaît n'arrangent rien. Soit il est dans la séduction, la drague sans passage à l'acte et, en dépit des apparences, se contente d'une vie sans aucune relation sexuelle, soit il sombre dans une hypersexualité qui le mène à multiplier les relations sexuelles d'une façon pouvant être dangereuse pour lui, car il ne se protège pas toujours des MST. Parfois, même, cette hypersexualité le mène à la prostitution. Tout ce débordement masque alors soit une impuissance, soit une frigidité.

Comment nous fait-elle souffrir ?

Un grand enfant

Ce qui domine, dans la relation avec une personnalité histrionique, c'est le sentiment d'**être en permanence exposé à la manipulation et au chantage**. Rien n'est simple ! Tout est constamment sujet à négociation. Il ne faut pas oublier de dire que cette robe lui va magnifiquement bien, de s'extasier devant sa beauté, son brio, sa vivacité, son originalité. Si, par malheur, on oublie de le faire, le verdict est sans appel : vous ne l'aimez pas.

Comme vous pouvez le constater, vivre avec cette personnalité-là, c'est comme **vivre avec un enfant qu'il faut rassurer non-stop**. Autant l'on peut éprouver du plaisir à rassurer un enfant, ou du moins trouver cela tout à fait normal, autant cela peut devenir irritant, éreintant avec un adulte. **Il faut donc sans cesse prendre soin de cet autre qui a manifestement oublié de grandir, et surtout le protéger de lui-même.** Être une sorte de garde-fou, au quotidien. Et ce, malgré les crises de nerfs que vous endurerez parce que vous lui donnerez des limites.

Vous ne savez plus sur quel pied danser !

Cette personnalité a le chic pour vous déstabiliser : sans raison apparente, **brusquement, elle change d'attitude, de comportement.** Vous aviez un ange devant vous ; voici maintenant un démon. Il ou elle vous adorait il y a une seconde ; maintenant, elle ou il vous déteste. Il riait aux éclats ; le voici qui pleure. Vous n'y comprenez rien, vous vous demandez ce que vous avez bien pu faire et vous vous interrogez quant à savoir qui vous avez réellement devant vous.

Vous déstabiliser, voilà la ligne de conduite de cette personnalité. Elle joue avec vous en permanence le jeu de l'élastique : **ou bien elle se comporte en véritable pot de colle, ou bien elle vous fuit,** vous esquive, vous rejette sans que vous puissiez en soupçonner la raison. Avec la personnalité histrionique, c'est toujours « cours après moi que je t'attrape ». **Et ce jeu vous épuise, vous lasse par sa répétition même.**

Gare à la honte...

Si vous aimez la discrétion, si vous êtes sensible aux bonnes manières, vous allez être mis à rude épreuve. **En société, la vie devient réellement complexe.** L'histrionique parle fort, rit à gorge déployée, est en permanence dans l'exagération, invente d'une façon éhontée, embellit, travestit, dramatise... bref, il occupe toute la place et asphyxie son environnement. **Cette personnalité fait tout pour capter son auditoire**, et pas nécessairement de la meilleure des manières.

De plus, l'histrionique jouera volontiers la vamp ou le Don Juan en présence même de son partenaire, faisant fi de la peine que cela pourra lui occasionner. Non dans le but de passer à l'acte – ce qui serait un problème car il risque de perdre la personne à laquelle il est attaché –, mais de séduire (il a un tel besoin d'être reconnu qu'il ne peut s'en empêcher). Et pour parvenir à ses fins, rien n'est impossible : l'histrionique peut aller jusqu'à l'exhibitionnisme physique et psychologique, car il n'a **aucune pudeur des sentiments ni aucune pudeur physique**.

Il est donc fort probable que vous subissiez honte et humiliation – et, surtout, vous ne devrez faire aucune observation, au risque de provoquer un véritable scandale. Car l'exhibitionnisme de la personnalité histrionique l'autorise également à piquer des crises de nerfs en public !

TOUT N'EST PAS PERDU !

Vous devez donc toujours la border, la canaliser, la rassurer. C'est à vous de réparer son estime d'elle-même car, en dépit de son goût prononcé pour la théâtralité, cette personnalité ne simule rien : elle souffre réellement, profondément convaincue de manquer de valeur. Si vous êtes fort et résistant, alors votre vie de couple y survivra.

Et le temps vous donnera raison de ne pas être parti, car **la personnalité histrionique s'améliore avec les années**. En effet, lorsqu'elle parvient à éprouver de l'intérêt pour autre chose qu'elle-même en s'adonnant, par exemple, à des activités caritatives ou en faisant l'expérience de la parentalité, les traits les plus saillants, les plus difficiles de sa personnalité s'estompent. Il reste alors l'originalité, la fantaisie, un regard qui embellit la vie, ce qui en fin de compte n'est pas si désagréable.

Cette heureuse évolution se produit lorsque la personnalité histrionique est en couple avec un partenaire solide, rassurant et enveloppant comme une maman bienveillante à l'amour inconditionnel.

Chapitre 3

Les personnalités dépendantes et passives-agressives

Dans ce chapitre, nous allons étudier deux types de personnalités dépendantes qui sont très différentes dans leurs attitudes et leurs comportements. Ce qu'elles ont en commun, c'est une dépendance très marquée par rapport à leur environnement, tant familial que professionnel ou amical.

LA PERSONNALITÉ DÉPENDANTE

Nous sommes tous plus ou moins dépendants et, pour vivre heureux et libres, il nous faut trouver le juste équilibre entre autonomie et dépendance. En effet, selon les expériences, les situations rencontrées, nous oscillons en permanence entre ces deux points selon que nous ayons ou non le sentiment que nous ne saurons pas satisfaire tous nos besoins par nous-mêmes.

La personnalité dépendante, elle, ressent son impossibilité de satisfaire ses besoins en permanence. Pour penser, elle a besoin de la pensée des autres. Pour agir, elle a besoin des conseils des autres. **Elle manque totalement d'autonomie.**

Qui est-elle ?

Magali

Je vous présente **Magali**, qui est l'exemple type de la dépendante affective. Elle est dans mon cabinet, tout au fond du fauteuil, les mains croisées. Elle évite mon regard, décroise les mains et triture l'ourlet de sa robe estivale.

Magali est bouleversée. Elle va de mésaventure amoureuse en mésaventure amoureuse. Cette année, elle va avoir 28 ans et se retrouve de nouveau seule. Enfin, pas encore, mais presque... Elle cherche désespérément l'homme capable de la rendre heureuse et qui aurait, comme elle, le désir de fonder une famille.

Magali me dit qu'elle ne supporte pas la solitude. Toutes ses histoires d'amour se terminent très mal et il lui arrive d'endurer des situations inacceptables.

Sa dernière expérience est vraiment très difficile à vivre : elle est depuis deux ans avec un homme qui, peut-être parce qu'il se sent étouffé, se comporte vis-à-vis d'elle avec cruauté. Magali est très consciente de sa part de responsabilité dans ce jeu malsain qui s'est instauré entre eux deux. En effet, au début de la relation, Magali était tellement heureuse de n'être plus seule qu'elle s'est pliée à tout ce que désirait son nouveau compagnon. Comme à chaque fois, elle s'est totalement soumise à lui, pensant que c'était le meilleur moyen de le garder. La jeune femme pétulante, drôle, sympathique s'est transformée en une personne terne, triste, qui vit dans la crainte de perdre celui qu'elle aime. Et comme ce sentiment de perte éventuelle lui est insupportable, de temps en temps, Magali « pète les plombs ». Elle m'évoque des colères d'une violence inouïe qui dégénèrent parfois en violence physique. Son compagnon, Hugo, disparaît alors pendant plusieurs jours, en profite pour la tromper, et lorsqu'il revient, Magali lui pardonne tout. Mais comme elle n'oublie rien, les entorses au contrat réapparaîtront dès qu'il lui donnera l'impression de se détacher d'elle et de vouloir partir.

Ainsi que vous pouvez l'imaginer, la vie de Magali, sur le plan intime, est un véritable enfer.

Sur le plan amical, Magali est très entourée. Elle a beaucoup d'amis, un carnet d'adresses enviable et est toujours prête à rendre service. Ce qu'elle aime, c'est être dans son groupe d'amis, cela la rassure. Mais Magali a tellement peur du rejet qu'elle ne se donne pas le droit d'être franche : ce serait beaucoup trop risqué.

Dans sa boîte de publicité, c'est mère Teresa. C'est elle que l'on va voir si l'on a un peu de retard, s'il faut une bénévole pour organiser un pot, si l'on a un déménagement à faire ce week-end... et ses collègues abusent de son temps, car ils savent que Magali ne dira jamais non.

Décidément, Magali paie très cher sa hantise de la solitude. Elle se dévalorise en permanence et c'est parce qu'elle ne croit pas en ses compétences et en sa valeur qu'elle aime travailler en groupe et ne surtout pas se mettre en avant.

Magali aura un long chemin à faire pour se débarrasser de sa dépendance aux autres, de son angoisse face à la solitude. La première chose qu'elle doit reconquérir, c'est l'estime d'elle-même.

Décodage

Une personnalité très (trop) arrangeante

Comme vous l'aurez constaté, Magali, parce qu'elle a un grand besoin des autres, est très sociable. Comme sa plus grande crainte est d'être seule, elle ne se sent réellement rassurée que lorsqu'elle fait partie d'un groupe et, pour cela, elle est prête à tout. **Qu'importe le moyen : le but est d'être appréciée, recherchée.**

À NOTER

Cela explique pourquoi certains ados, pour appartenir à un groupe, sont amenés à se mettre en danger dans des activités périlleuses ou bien à prendre de la drogue, pour faire comme tout le monde et être apprécié par le groupe, le clan. Ce n'est donc pas par choix qu'ils optent pour ce comportement, mais par nécessité. C'est pourquoi il est inutile de leur tenir des discours moralisateurs, car le problème ne se situe pas à ce niveau-là, mais dans le besoin d'appartenance à un groupe, quel qu'il soit, qui permette d'échapper à la solitude.

Dans le groupe, la personnalité dépendante est appréciée : elle est **pleine d'abnégation** et **ne fait d'ombre à personne** puisque, par peur d'être rejetée ou critiquée, elle ne prend pas l'initiative, conserve sa place de « second » et se montre tellement consensuelle qu'elle accepte tous les compromis. Qu'il est facile de composer avec cette personnalité-là, si **arrangeante**, si **effacée** ! Le dépendant ne dérange personne, et cela d'autant plus qu'il n'exprime jamais ce qu'il pense et dit oui à tout. Agir autrement serait **prendre le risque d'être rejeté et donc d'être seul**.

La personnalité dépendante est une personnalité à laquelle on peut vraiment faire confiance : elle est fidèle, altruiste, toujours prête à rendre service – pour ne surtout pas déplaire et se voir rejetée. **Elle cultive les liens dans la durée (ce qui est normal, puisqu'elle est incapable de quitter) et s'y investit beaucoup.** C'est elle qui vous téléphone alors que vous ne l'avez pas vue depuis deux ans et que vous l'avez pratiquement oubliée... mais elle, non : elle a craint, à un moment donné, la solitude, ce qui lui a rappelé votre existence, et la voilà qui vous téléphone et relance la relation.

Tout le monde vaut mieux qu'elle

Cette attitude face au monde extérieur provient d'un **réel manque de confiance en soi** : pour la personnalité dépendante, **les autres lui sont toujours supérieurs, ont plus de qualités**. Le dépendant est donc amené à se tromper lourdement dans l'évaluation des qualités des personnes qui l'environnent, ce qui est souvent catastrophique car il fait généralement des **choix malheureux**. Ainsi, il se retrouve souvent entraîné dans une spirale descendante et subit sa situation avec un certain manque de lucidité. D'ailleurs, la personnalité dépendante pense sincèrement qu'elle ne mérite pas mieux et que ceux qui abusent d'elle ou la font souffrir sont, tout de même, « meilleurs » qu'elle.

Il faut une dose de souffrance incroyable pour qu'enfin elle trouve la force de sortir de cet engrenage négatif. En effet, **l'idée même d'une rupture est inconcevable**. Elle ne se sent pas le courage de rompre, même si elle souffre profondément. Lorsqu'elle subit une rupture, elle éprouve un besoin fébrile de trouver très vite un ou une remplaçant(e), parce que la solitude lui fait éprouver un **sentiment de vulnérabilité qui lui est très difficile à supporter**.

À NOTER

C'est le profil psychologique de beaucoup de femmes battues, que les psychothérapeutes et les associations ont un mal fou à aider à retrouver leur liberté.

Ce sont les autres qui décident pour elle

Prendre une décision est, pour ce type de personnalité, une véritable épreuve. **Ne se faisant pas confiance, elle ne peut, de son point de vue, que commettre une erreur ou aller droit vers l'échec.** La gamme de son indécision est très vaste : cela va du choix d'un plat dans un menu au choix d'une profession, en passant par la destination des prochaines vacances – tout, sans exception, est prétexte à indécision.

C'est sans doute la raison pour laquelle son conjoint l'a choisie, et elle se sent d'ailleurs totalement rassurée lorsque celui-ci est une personne sur laquelle elle peut s'appuyer. Et puisqu'on ne peut passer sa vie dans l'indécision, **cette personnalité confie le soin de décider… aux autres.** Ce seront les parents qui trancheront pour elle, auxquels s'ajouteront les amis, la compagne ou le compagnon.

D'où vient-elle ?

La dépendance est inscrite dans notre patrimoine génétique. En effet, nous naissons « non finis » et dans un état d'extrême dépendance vis-à-vis de notre environnement pour garantir notre survie : c'est un état d'origine normal, commun à tous. Puis, en grandissant, nous prenons peu à peu notre autonomie, pour un jour vivre de nos propres ailes.

Mais tous les enfants n'ont pas la chance de naître dans un contexte favorable. **Le rôle des parents est primordial.** En effet, l'anxiété de séparation et d'instabilité que connaît le nourrisson et qui va faire le lit de la personnalité dépendante provient souvent du comportement des parents, de certains événements vécus. Voici quelques exemples :

- Des parents **qui ne rassurent pas suffisamment** le petit, qui ne lui expliquent pas qu'après chaque absence, il y a des retrouvailles, **qui oublient d'évoquer le plaisir d'être avec lui**, peuvent être à l'origine de cette souffrance psychologique.
- Certains événements, comme une hospitalisation trop longue de la mère qui disparaît brutalement du paysage familier, un placement de longue durée chez les grands-parents ou une nounou parce que les parents n'ont pas l'argent ou le temps pour s'occuper

de leur enfant, tout cela peut être propice au développement de cette personnalité dépendante. Par exemple, **une longue séparation qui n'a pas été comprise par l'enfant**, qui n'aura pas été ou pas assez bien expliquée, peut engendrer la croyance que celui-ci n'a pas su créer de lien fort avec ses parents ; de cette séparation va naître une tendance à s'agripper littéralement à toute relation nouvelle comme le lierre sur le tronc de l'arbre.

- Autre cas de figure, hélas fréquent de nos jours : le **divorce des parents**. Si le parent qui en a la garde n'est pas très tendre, pas attentif, ne semble pas intéressé par l'enfant, celui-ci s'accrochera à la maîtresse, aux camarades de classe pour se prouver qu'il est un enfant, justement, intéressant.
- Il en est de même lorsque les parents sont immatures, donnent l'impression d'être ballottés par les événements et de n'avoir aucune prise sur eux, **se révélant incapables de gérer une famille et d'éduquer avec constance leur enfant** ; en raison de cette immaturité, ils changent d'avis, d'opinion, d'attitude vis-à-vis de l'enfant sans explication logique. Dans ce cadre familial si fluctuant, si exempt de solidité, l'enfant peut intégrer une image parentale qui n'est pas rassurante du tout et ne favorise pas, chez lui, une construction équilibrée de sa personnalité.
- Autre situation pouvant conduire au développement d'une telle personnalité : **lorsque les parents sont dépendants de leurs propres parents** et qu'il leur est donc par conséquent impossible de prendre quelque décision que ce soit sans leur aval. L'enfant peut y voir là un modèle qu'il devra reproduire. Ce sera « sa » normalité. Et si cette normalité ne lui convient pas, il recherchera des personnes solides auxquelles se rattacher de toutes ses forces – c'est sans doute ce qui le sauvera.

L'autonomie de l'enfant ne va donc pas de soi : les parents doivent déjà en montrer l'exemple. Mais ce n'est pas suffisant : **il faut également que ceux-ci, par leur comportement, en**

donnent l'autorisation à leur enfant. Cela signifie notamment qu'eux-mêmes doivent accepter son éloignement, justement parce qu'ils l'aiment. En renforçant et en encourageant l'autonomie de leur enfant, ils lui prouvent qu'ils ont confiance en lui et en ses capacités. Et, par conséquent, que ce dernier peut avoir également confiance en lui.

Si les parents sont trop protecteurs, l'enfant va ancrer en lui la **certitude d'être très vulnérable** et croira que le monde est plein de dangers. En conséquence, pour survivre, il lui faudra suivre des personnes fortes, solides et qui savent... Et il ne choisira pas toujours les bonnes.

Comment souffre-t-elle ?

Parce qu'elle manque de confiance en elle, qu'elle subit un déficit narcissique réellement important, **l'image que la personnalité dépendante a d'elle-même est déplorable**. N'ayant pas été aimée dans l'enfance comme elle en aurait eu besoin, elle a connu très tôt, trop tôt sans doute, tant un grand sentiment de vulnérabilité que de solitude.

Vu de l'extérieur, il est difficile d'imaginer les **efforts que les personnalités dépendantes mobilisent constamment pour éviter cette solitude qui les terrorise**. Elles sont restées ces tout petits enfants qui ont sans cesse besoin d'être rassurés et de prendre appui sur quelque chose ou quelqu'un de solide.

Puisque, sur le plan affectif, elles ont été très tôt déçues, frustrées, elles sont prêtes à **consentir à des situations que d'autres rejetteraient avec violence, pour garantir le lien**. Mieux vaut un lien mauvais qu'une solitude angoissante qui peut mener au suicide. On pourrait dire que, d'une certaine façon, elles sont restées ce nourrisson qui avait besoin, pour garantir sa vie, d'être entouré de soins et d'amour de la part de ses parents, puis de l'environnement.

Vous imaginez donc facilement dans quel **état de détresse latente** ces personnalités dépendantes se trouvent.

Comme toutes les personnalités insuffisamment narcissisées, les personnes qui sont dépendantes trouvent les autres réellement extraordinaires et exceptionnels. Ce qui n'améliore absolument pas le regard qu'elles portent sur elles-mêmes, **car plus elles sont dans l'admiration d'autrui, plus elles se trouvent nulles et sans valeur**. Et se dévalorisent d'autant... C'est d'ailleurs parce qu'elles se déprécient autant qu'elles acceptent n'importe quelle relation, même les pires, même les relations toxiques, même les relations destructrices.

À NOTER

Paradoxalement, quand une relation marche bien, lui procure du bonheur et du bien-être, inconsciemment, la personnalité dépendante va mettre en œuvre le comportement adéquat pour saboter cette relation. On peut interpréter cette attitude comme la recherche d'une situation qui lui donne raison de se déconsidérer. La personnalité dépendante ne se voit de destin que malheureux. Le bonheur lui fait peur, car elle estime n'avoir pas de légitimité à le vivre.

Ne pensez pas que son manque d'autonomie et son indécision lui soient confortables, bien au contraire. Elle aimerait avoir la capacité de décider pour elle-même, mais cela, hélas, lui est impossible. Ce n'est donc pas pour se reposer sur les autres qu'elle remet son sort entre leurs mains ; c'est parce qu'elle est totalement **incapable de procéder autrement**. Une incapacité qui prend justement source dans ce sentiment d'insignifiance, de vulnérabilité. Doutant d'elle-même, **elle doute de pouvoir faire des choix judicieux, adaptés aux situations**.

Doutant d'elle-même, elle doute également **de l'authenticité des sentiments qu'on lui porte**, et c'est là que les choses se gâtent...

Comment nous fait-elle souffrir ?

Ces personnalités fragiles ont effectivement le pouvoir de nous faire souffrir, par-delà leur propre souffrance. En effet, comment vivre sereinement dans la durée avec une personnalité comme celle-ci ? Car, dès que la relation évolue dans un registre d'intimité (amour, amitié...), cette personnalité fait preuve d'**exigences irréalistes**.

De la souffrance, plus que de la jalousie

Il est ainsi impossible de manifester un intérêt pour une autre personne en sa présence. Cette situation provoque en elle un véritable tsunami : « *Elle/il préfère cette personne à moi* ». Sur le moment, elle n'en parlera pas : il faut éviter tout clash susceptible de provoquer une rupture qu'elle ne souhaite pas. Mais une fois seul à seul, elle déclenchera une scène – pas vraiment une scène de jalousie, mais bien plutôt une **scène de désespoir**. Bien évidemment, elle ne va pas exprimer sa crainte de se retrouver seule et de perdre soit l'amitié soit l'amour de la personne concernée ; elle va plutôt faire état d'un manque de respect et de considération vis-à-vis d'elle et mettre en doute le lien qui la relie à son interlocuteur. Lequel, bien sûr, ne comprendra pas pourquoi le fait d'avoir été simplement aimable avec une autre personne puisse faire l'objet d'une dispute qu'il ressent comme parfaitement injuste.

Comme cette attitude va se reproduire, encore et encore, deux choix sont alors possibles :

- ou bien on n'en tient pas compte, et alors on culpabilise parce qu'on sait que l'on fait souffrir la personne dépendante que, par ailleurs, on aime et estime ;
- ou bien on se soumet et l'on se contraint à ne jamais manifester d'enthousiasme vis-à-vis d'une tierce personne en sa présence, et nos relations sociales peuvent s'en trouver altérées.

À NOTER

D'une certaine façon, la phobie de solitude de la personnalité dépendante peut facilement conduire l'autre au mensonge, ce dans le but de la protéger. Ce qui donne des relations qui peuvent être biaisées, et donc fragiles.

Rompre ? Inenvisageable !

Il peut également venir ce moment où l'on ne supporte plus la surveillance dont nous sommes l'objet et la contrainte qu'elle exerce sur nous. Survient alors la rupture. Parfois, cela arrive très tôt, même avec des amis, parce que **les scènes à répétition usent la relation**, comme dans le cas de Magali que nous avons vu plus haut.

Dans le couple, cela peut devenir réellement invivable, la personnalité dépendante étant souvent amenée, bien malgré elle, à **exercer une pression considérable sur son partenaire pour garantir le maintien du lien**. Elle n'hésitera pas, ainsi, à proférer ce genre de menaces : « *Si tu m'abandonnes, je vais tomber en dépression/me suicider… ce sera ta faute !* »

Des « parents » de substitution

Le partenaire – et parfois même les enfants ! – se voit donc dans l'**obligation de jouer le rôle de parent auprès de ce type de personnalité**.

Dans les faits, ce sont **surtout les femmes qui se révèlent être dépendantes affectives** et qui placent le conjoint et les enfants en position de parents ayant pour vocation de la rassurer et de décider pour elle. Parfois, ces choix ne sont pas exactement ce qu'elle aurait souhaité, d'où des ressentiments qui s'expriment bien évidemment sous la forme du classique « *tu ne m'aimes pas* » – sous-entendu « *tu vas me quitter* »...

Ce rôle de parents normatifs et rassurants est épuisant entre adultes et perturbe l'équilibre d'une famille lorsque les enfants sont partie prenante et appelés à être les soutiens d'un adulte alors qu'ils ont eux-mêmes besoin d'être soutenus.

À NOTER

La relation avec le dépendant affectif n'est pas toujours aussi excessive ni théâtrale. Et, heureusement, très souvent, le temps faisant son œuvre, le dépendant affectif se trouve rassuré par la durée même de la relation et la construction que celle-ci a permise.

LA PERSONNALITÉ PASSIVE-AGRESSIVE

Ces personnalités sont plus difficiles à gérer que les précédentes et, vous vous en doutez bien, beaucoup moins pacifiques. À première vue, ces deux termes, « passive » et « agressive », sont antinomiques. Et pourtant, il existe bien des personnalités qui ont la capacité de les faire coexister.

La personnalité passive-agressive met en œuvre un mécanisme de défense bien ancré et qu'il sera très difficile de faire bouger, évoluer : si vous lui demandez quelque chose, vous pouvez être certain qu'elle va faire tout le contraire. Vous exprimez un désir ; elle fera tout pour que rien ne bouge. Vous prenez une initiative ; elle n'est pas bonne, ça ne la concerne pas. Elle n'est concernée par aucun de vos besoins, aucun de vos désirs, aucune de vos opinions. **Et si elle peut vous empêcher d'avancer, elle le fera d'une façon toute passive : la personnalité passive-agressive est l'apôtre du non-agir.**

NOUS SOMMES TOUS PASSIFS-AGRESSIFS !

Ce qui est remarquable, c'est que nous pouvons tous l'être à un moment ou à un autre de notre existence. Cela va dépendre du contexte, de la personne que nous avons devant nous, de ses demandes et exigences qui nous sortent de notre zone de confort ; en conséquence de quoi, pour nous protéger, nous pouvons utiliser nous aussi, inconsciemment, ce mécanisme de défense, une attitude d'apparente soumission qui nous pousse à agir à l'exact opposé de ce que nous devrions faire si nous étions en cohérence avec l'attitude que nous donnons à voir. C'est l'adolescent que nous avons tous été ! Cela peut donc nous arriver, mais ce n'est pas le fonctionnement normal que nous adoptons dans notre vie de tous les jours.

La personnalité passive-agressive, en revanche, adopte **pratiquement toujours ce comportement**. (Au moins, elle ne nous surprend pas !) Et si, au départ, ce flottement dans l'imprécision pouvait avoir un certain charme, à la longue, toute la poésie de l'incertitude s'évapore...

À NOTER

L'expression « passif-agressif » est apparue pendant la Seconde Guerre mondiale, aux États-Unis. Elle désignait alors les soldats qui refusaient toute forme d'autorité. Soit ils acquiesçaient mais n'obtempéraient pas, soit ils restaient dans leur bulle, totalement indifférents aux ordres qui leur étaient donnés.

À dire vrai, j'en croise rarement dans mon travail, mais j'en entends beaucoup parler. La plupart du temps, les personnalités passives-agressives ne viennent pas d'elles-mêmes et c'est sous l'impulsion de leur entourage qu'elles poussent la porte du cabinet. Elles viennent généralement parce qu'un proche pense qu'elles font une dépression nerveuse.

Et c'est parfois réellement le cas : en effet, si nous n'y prenons garde, nous pouvons enfermer une personne dans la case « personnalité passive-agressive » alors que nous nous trouvons « simplement » devant quelqu'un en dépression.

Qui est-elle ?

Analysons deux cas d'école pour apprendre à mieux les discerner.

Jules n'est jamais venu me consulter, mais j'en entends beaucoup parler par l'un de ses collègues qui, à cause de lui, est dans la confusion la plus totale et pense que Jules est un pervers narcissique (voir p. 11). Il est vrai que, dans certaines situations, la personnalité passive-agressive peut créer chez l'autre un sentiment de confusion, de frustration et même de danger. Que me dit-on de Jules ? C'est la passivité qui le caractérise. Mais celle-ci n'est qu'apparente, car elle masque son agressivité, son hostilité à l'égard d'autrui. Agressivité qu'il suscite en retour d'ailleurs chez les autres et qui lui permet de projeter sur eux sa propre hostilité. Voilà un jeu bien complexe...
Il est le collaborateur direct d'André, qui est là devant moi :
« *Au début,* me dit ce dernier, *je ne me suis pas méfié : il me faisait penser au titre d'un livre que j'ai beaucoup aimé,* L'Homme sans qualités, *de Robert Musil. J'avais devant moi un homme qui n'avait rien de remarquable, qui était dans le registre de la discrétion et qui,*

de prime abord, m'a fait très bonne impression. Certes, j'ai vite senti chez lui une aversion pour la compétition et, au début, cela ne me dérangeait pas trop dans la mesure où, dans l'équipe, il y avait déjà pas mal de personnes à l'ego surdimensionné. *Jules me paraissait être une personnalité capable, justement, de pondérer et de laisser toute la place aux autres, sans jouer le jeu du "je suis toi +++".*
Dans le cadre des relations professionnelles, il m'apparaissait donc comme quelqu'un de débonnaire et d'agréable. C'est au fil du temps que j'ai déchanté, poursuit André.
Au début, je le trouvais discret, ce qui, compte tenu du contexte, était plutôt une bonne chose. Mais avec le temps, j'ai dû me rendre à l'évidence : Jules est une véritable calamité ! Il fait systématiquement obstruction et sa force d'inertie est telle qu'elle vient à bout des élans les plus enthousiastes des membres les plus performants de l'équipe. À lui tout seul, il peut, en ne faisant rien, dynamiter un service, une petite PME. Il est paresseux et donne l'impression que travailler ne l'intéresse pas du tout. À dire vrai, il est là pour des raisons strictement alimentaires. Avec le temps, j'ai pris la mesure de son manque d'empathie en prenant conscience de l'indifférence qu'il manifeste vis-à-vis des tracas que sa paresse génère au sein du travail. J'ai essayé de lui prodiguer les conseils et mises en garde nécessaires pour redresser la situation. Le résultat a été pire qu'avant ! Et le plus déconcertant là-dedans, c'est que Jules est très bien vu par la direction ! »

Ernest

Ernest, lui aussi, est très bien vu de son professeur de guitare. Vous le connaissez bien. C'est l'adolescent type. C'est le fils ou la fille que vous avez été, l'ado que vous avez actuellement à la maison. Vous ne savez pas par quel bout le prendre, le motiver, le faire bouger. Ernest, dont l'allure est faussement décontractée et je-m'en-foutiste, est désarmant en raison de la force d'inertie dont il peut faire preuve, sa capacité à bouder et à s'enfoncer dans le mutisme. Rien ne semble réellement l'intéresser – sauf la guitare... Les problèmes qui agitent le monde lui sont indifférents et lorsqu'il est à la maison, passer de longues heures à jouer sur sa tablette est la seule chose à laquelle il semble consacrer sa vie.

Même les copains ne l'enthousiasment guère. Il peut rester des journées allongé sur son lit, indifférent à la vie de la famille. Au mieux, il peut s'adonner à la lecture, car celle-ci a le mérite de le couper des obligations familiales et constitue un prétexte louable ! Il ne sait pas exprimer sa révolte, sa colère, son inquiétude face à tous les bouleversements que son âge connaît. N'osant grandir, il choisit inconsciemment de rester un enfant. Cette situation est généralement difficile à comprendre pour les parents d'Ernest, qui ont oublié les turbulences, les doutes et le mal-être qu'ils ont eux-mêmes connus. Ne le comprenant pas, ils ne parviennent ni à le rassurer, ni à le prendre par la main pour l'aider à traverser cette période sensible.

Pierre, le père, est intraitable et fait preuve d'une autorité écrasante sur Ernest qui, telle une huître, se renferme plus encore dans la bouderie et le mutisme. Ce qui a, bien sûr, le don d'exaspérer son père. D'autant que ce dernier a été élevé à la dure, à son époque : dans sa famille de militaires, il n'était pas possible de contester l'autorité paternelle, sous quelque forme que ce soit. À ses yeux, seule cette éducation-là prévaut et permet de construire un individu solide et équilibré. « *Les états d'âme, on met un mouchoir dessus et on avance !* » Voilà le credo de Pierre.

Quant à Simone, la mère, elle est totalement dépassée, tant par l'excès de fermeté de son époux que par la souffrance qu'elle sent chez son fils. Alors elle tente de compenser l'hyper-autorité du père – qui a pour conséquence d'empêcher Ernest d'exprimer ses émotions et ses sentiments – par un excès de laxisme ayant pour but de gagner la confiance de ce dernier. Mais Ernest est fin et intelligent : il sait que c'est de la manipulation pour le faire capituler et entrer dans le moule. Et c'est justement ce qu'il ne veut pas.

Il est par conséquent, et nous le comprenons, encore plus difficile à vivre avec sa mère, car il la sent faible. Il se donne ainsi le droit

d'être verbalement violent avec elle, de la contredire, et même de lui manifester un certain mépris. Toutes choses qu'il n'oserait faire, évidemment, avec son père. C'est dommage car, en dépit des apparences, Ernest est très attaché à sa mère.
Simone peut toujours lui demander de ranger sa chambre dans laquelle il est impossible de faire le ménage : Ernest n'en fera rien. Comme il faut bien changer de vêtements et s'habiller de propre, c'est Simone qui, à bout de nerfs, fait intrusion dans la chambre de son fils et essaie de faire le tri parmi tous ces vêtements jetés en vrac sur le lit. Inutile de demander à Ernest d'aider sa petite sœur à mettre la table et à débarrasser : il a justement du travail à terminer pour le collège. L'excuse est bonne, car les résultats sont moyens et il lui faudrait remonter ses notes pour passer en seconde d'une façon confortable... D'autant plus qu'Ernest, qui vise la première scientifique, est bon en maths et en physique, matières qui ne lui demandent pas beaucoup d'efforts.
« Effort », mot combien maudit. Ernest se sent très fatigué. Il faut dire, à sa décharge, qu'il a considérablement grandi au cours des derniers mois et que le papillon Ernest est en train de sortir de sa chrysalide. C'est un mauvais moment à passer, car ce qu'il découvre de lui-même lui est encore totalement inconnu.
Si ses parents ajustaient leurs comportements à ses besoins, Ernest pourrait donner un très beau papillon...

Décodage

Un éventuel manque de considération, et voici cette personnalité qui bout intérieurement tout en ne laissant rien paraître. Les ordres, les contraintes, la hiérarchie sont des empêchements à vivre. Comme toute demande relève de l'injustice, elle éprouve un **profond plaisir à la vue de l'effet que produit son inertie** : elle y puise un sentiment de puissance à bon compte, obtenu de façon « économique ». Il y a en elle un refus absolu de « plier ».

D'où vient-elle ?

Il est fort possible que l'on ne naisse pas passif-agressif, mais qu'on le devienne : **le pouvoir de l'éducation ou certaines expériences traumatiques peuvent expliquer ce trouble de la personnalité.**

- Ainsi, une **éducation trop sévère, trop autoritaire** peut faire germer chez l'enfant un sentiment d'écrasement tel qu'il lui devient impossible d'exprimer ses vrais sentiments, ses véritables émotions. Ne pouvant plus prendre le risque d'être authentique, il apprend alors à les voiler sous le masque de l'hypocrisie. Et, à ses yeux, il n'a pas d'autre choix, car tout conflit ouvert conduirait à une mise en danger – le père ou la mère, et parfois même les deux, sont capables de le réduire en bouillie, à l'impuissance.
- Un autre cas de figure possible, et c'est probablement celui d'Ernest : **l'arrivée d'un second enfant donne le sentiment à l'aîné de ne plus exister**, de n'avoir plus guère d'importance ni de valeur aux yeux des parents. Reste alors – du moins le pense-t-il – à ne pas exprimer la douleur et le doute que fait naître ce ressenti. Ernest va donc manifester son existence sur le mode négatif. La passivité sera son arme et lui permettra la recherche du moindre lien, l'autorisera à avoir de la colère et du ressentiment. Cette colère et ce ressentiment bien cachés, profondément enfouis en lui, vont le pousser à mettre en œuvre un comportement passif, ressenti par l'entourage comme une véritable agression. D'où des conflits permanents sur fond de non-dits et une victimisation apparente du passif-agressif qu'est Ernest.
- Enfin, il peut arriver, **chez une personnalité dont le narcissisme est mal étayé, fragile, qu'un événement traumatique bouleverse les croyances, la foi que l'on pouvait avoir en la vie et en l'homme**. Ce peut être aussi bien une rupture amoureuse qu'une situation très difficilement vivable dans le

cadre du travail, ou bien encore une mauvaise rencontre avec un pervers manipulateur... Cela vient renforcer le fait qu'il n'a pas confiance en lui et le persuade que, pour vivre heureux, vivons cachés : je ne vais plus faire plaisir aux autres. « On m'a manqué de considération, on m'a fait souffrir, c'est fini, je ne veux plus que ça se répète. Je deviens donc passif-agressif pour me protéger de ce monde qui ne me respecte pas et dans lequel je ne me sens pas reconnu. »

Comment souffre-t-elle ?

La personnalité passive-agressive souffre d'un **profond manque de confiance en elle**. Et ce manque est si profond que **toute expression sincère de soi-même est impossible**.

Tout paraît échapper à son contrôle, rien n'est stable, rien ne peut être définitif. Car elle est incapable de définir ses vrais désirs. **Et cette incapacité génère en elle une situation douloureuse dont elle a tendance à rendre les autres responsables.**

C'est pourquoi, d'ailleurs, **les personnalités passives-agressives sont très souvent dans l'ambivalence et font preuve d'hypocrisie** : elles aimeraient bien être elles-mêmes, mais comment faire ? Elles sont tellement coupées de leurs propres émotions qu'elles ne savent pas ce qu'elles veulent vraiment. C'est en raison de ce doute qu'elles oscillent, en permanence, entre des attitudes contradictoires telles qu'attraction et agressivité passive pour n'avoir surtout pas à s'engager. Le passif-agressif est hypocrite car il se protège et se met dans sa bulle.

En effet, pour la personnalité passive-agressive, **s'engager, c'est perdre ce minimum de contrôle qu'elle peut encore exercer sur elle-même.** En n'étant nulle part, elle pense être inatteignable.

C'est la raison pour laquelle, dans tous les domaines de la vie (familial, professionnel, amical), elle est là sans y être vraiment.

Et quand la situation exige qu'elle soit vraiment là, présente, cette personnalité, qui ne peut faire confiance à quiconque, se sent acculée, en danger et réagit par une passivité qui n'est que l'expression de son **angoisse d'être et de vivre pleinement**. Il lui est impossible d'être elle-même et cela est en soi une terrible souffrance. Elle a du « mal à être », perpétuellement.

Comment nous fait-elle souffrir ?

On ne peut pas compter sur le passif-agressif : il n'est jamais fiable et jamais là où on l'attend. D'où un découragement et un sentiment d'usure perpétuel.

N'espérez pas vous engager avec le passif-agressif !

La personnalité passive-agressive fait souffrir son entourage, justement, par ce refus, cette **impossibilité de l'engagement** qui fait des ravages et provoque des drames, tout particulièrement au sein du couple.

Combien de temps faut-il pour que cette personnalité se décide à partager un nid commun, signe de l'engagement dans la relation et d'une foi en la pérennité du couple ? Tous les arguments sont bons, même les plus tendancieux tels que : « *Ne précipitons rien* », « *Nous sommes bien comme ça* », « *Si tu insistes trop, je vais partir* », « *Je ne supporte pas que l'on me contraigne... mais comme je t'aime, je reste* ». Il n'est pas manipulateur, mais il est perdu ! Il est déjà perdu avec lui-même... Une manipulation malgré lui, plus par réaction que par volonté.

Une relation perpétuellement instable

Ah, cette façon de souffler le chaud et le froid ! Le partenaire, homme ou femme, fait tout son possible pour l'atteindre, faire bouger cette personnalité, mais a le sentiment d'être en permanence aux prises avec des sables mouvants. Son angoisse est grande : et si, à force de pression (par la faute du partenaire, donc), la relation s'arrêtait ? Le partenaire du passif-agressif vit quotidiennement avec cette épée de Damoclès au-dessus de sa tête. La relation amoureuse se résume généralement à une **crise relationnelle au long cours** dans laquelle chacun tire la corde dans un sens opposé. **Le lien apparaît bien fragile et, paradoxalement, pour le maintenir, il faut céder au passif-agressif.** Une personnalité qui détient un fabuleux pouvoir !

Comme dans le milieu professionnel, **il est secret, parle très peu de lui et de ses sentiments**. D'où la tendance qui peut se développer chez vous à penser qu'il vous cache des choses, qu'il n'est peut-être pas aussi irréprochable qu'il le paraît, et vous voilà à la recherche d'indices, de signes qui parleraient à sa place – **une paranoïa qui n'est pas très saine pour la suite de la relation ni pour votre tranquillité d'esprit**.

Vous étiez victime, vous voilà coupable

À tout cela s'ajoute un manque d'empathie manifeste. Le quotidien, une fois en place, et souvent au prix de multiples compromis, est constamment déstabilisant. En effet, dans la personnalité passive-agressive, il y a une sorte d'anesthésie du cœur. Il est donc difficile pour le conjoint de se montrer tendre et enveloppant : **le moindre geste d'enlacement est ressenti comme un désir de possession de votre part**. Vous voilà donc culpabilisé : vous ne savez pas aimer, vous ne savez pas donner ; vous ne savez que prendre. Tout geste tendre est vécu par le passif-agressif comme une tentative de captation car, pour lui, vous voulez l'emprisonner. Comme il a du mal à exister par lui-même, si vous l'emprisonnez, vous le tuez.

À NOTER

Ne vous étonnez pas si votre envie de lui distribuer des câlins décline au fil du temps, mais sachez que ce déclin arrange particulièrement les affaires de la personnalité passive-agressive : d'une part parce que, ainsi, elle se protège de vous, et d'autre part parce qu'elle peut alors se présenter comme une victime et donc vous faire culpabiliser plus encore : « *Tu n'as jamais de gestes de tendresse à mon égard...* » Vous voilà prisonnier d'une injonction paradoxale...

Cette culpabilité, vous la ressentez également quand, **devant son mutisme, vous pensez en être la cause**. Vous éprouvez le sentiment qu'il vous fuit alors que ce n'est pas vous qu'il fuit, mais la relation – pour lui, plus elle est intime, proche, plus elle est synonyme d'emprisonnement et de contraintes.

Lorsque vous lui demandez quelque chose, vous sentez bien que cela lui pèse et que, la plupart du temps, s'il s'exécute, c'est à contrecœur – souvent, d'ailleurs, il ne finit pas ce qu'il a commencé. Alors plutôt que de vous faire rembarrer parce que vous insistez, vous prenez l'habitude d'exécuter les tâches vous-même. Et il vous en fera également le reproche : « *Décidément, je n'ai pas mon mot à dire, ici !* » **Et de persécuté, vous voilà persécuteur**, une fois de plus. Joli renversement des rôles, vous ne trouvez pas ?

Chapitre 4

Les personnalités méfiantes

La personnalité méfiante est une personnalité qui manifeste une méfiance excessive et inadaptée aux situations. Elle se décompose en deux sous-types qui, bien qu'ayant des points communs, sont très différents :

- la personnalité sensitive, qui est dans le doute profond d'elle-même et se voit comme une victime soumise à l'injustice ;
- la personnalité paranoïde, plus agressive car elle est certaine d'avoir raison, a une bonne estime de soi et se révèle psychorigide.

À NOTER

Le paranoïde est trop souvent confondu, par association de termes, avec le paranoïaque, qui est pourtant très différent du premier. En effet, le paranoïaque a une vision du monde et de la réalité profondément affectée et souvent sujette au délire. La personnalité paranoïde, j'insiste sur ce point, est très bien intégrée à la société, y est performante et, souvent, n'est pas facilement détectable par son entourage.

LA PERSONNALITÉ SENSITIVE

C'est une personnalité **apparemment bien adaptée au monde, mais hypersensible**, et qui est dotée d'un tel manque d'estime d'elle-même qu'elle ne peut récolter que les fruits empoisonnés de la vie.

Qui est-elle ?

Hélène

Hélène a 50 ans, elle est célibataire, douce et soumise. Elle fait une très bonne infirmière, appréciée par ses collègues et sa hiérarchie. Elle est effacée et très efficace, proche de ses patients. Mais un problème se pose dans ses relations professionnelles. Quand le médecin lui fait remarquer qu'elle a oublié de changer le pansement de monsieur X, au lieu de lui répondre qu'elle a dû se rendre auprès d'un autre malade qui se plaignait de souffrir, Hélène prend d'abord un air furieux, blêmit, puis sanglote. Vous vous imaginez l'embarras du médecin qui apparaît devant son équipe comme un horrible tortionnaire faisant pleurer les infirmières ?… Depuis cette première fois, Hélène guette les réprimandes, pense que ce médecin l'a à l'œil et qu'il est là pour lui faire subir une nouvelle humiliation, une nouvelle injustice.

Quant au médecin, qui n'est pas un monstre, loin de là, quand Hélène fait une petite erreur, il ne sait plus comment s'y prendre, car Hélène pleure à la moindre observation et cela l'embarrasse grandement. Avec elle, il marche constamment sur des œufs. Et les collègues de celle-ci vivent perpétuellement dans le même embarras.

Très appliquée, très impliquée dans son travail, Hélène est pourtant persuadée que ses qualités ne sont pas reconnues et que les personnes qui l'entourent ne prennent en compte que ce qui ne va pas. Elle ressent un profond sentiment d'injustice, un sentiment à l'origine de la colère rentrée qu'elle éprouve à la moindre observation.

Elle larmoie pour un rien et révèle par là une hypersensibilité notoire et un fond dépressif. Elle fait également preuve d'une hyper-susceptibilité, se méfie de tout et de tout le monde, et manque totalement d'humour. Prendre du recul lui est bien difficile. D'ailleurs, elle le cache bien, mais elle est rancunière et a tendance à choisir la solitude plutôt que de subir ce qu'elle croit être les « mauvaises intentions » des autres.

Dans sa famille, enfant, comme elle avait cette fâcheuse tendance à pleurer pour un rien, on avait pris l'habitude de la surnommer « la pleurnicheuse ». Un regard inquisiteur de son père lui demandant si elle avait bien appris ses leçons plongeait Hélène entre l'indignation et la honte. Il n'y a qu'à elle que son père posait ce genre de questions ; décidément, elle était le souffre-douleur de cette famille ! Les souvenirs d'enfance qu'elle me relate sont tous sous le sceau de la plainte et de l'injustice.

Ses relations amoureuses sont rares, car elle se sent si vite blessée qu'elle préfère rompre avant de trop souffrir, de trop s'attacher. Il a suffi d'une désillusion sentimentale pour qu'Hélène soit convaincue que la vie à deux est nécessairement source de souffrance, de trahison et d'humiliation. Depuis, elle est donc restée célibataire et ne cherche absolument pas à séduire. Bien que douce et agréable, elle ne prend pas le risque de se lier. De toute façon, ses larmes attendrissent un moment, mais ne constituent pas le meilleur moyen de nouer des relations.

Hélène a donc très peu d'amis. Un ou deux, peut-être. D'où une vie personnelle pauvre en liens sociaux, la tendance à rester chez soi, avec son chat, à se refaire le film des humiliations qu'elle a vécues pendant la journée. Ce qui lui permettra de dérouler la pelote jusqu'au début, c'est-à-dire le premier événement dont elle se souvient qui lui a fait connaître la douleur de l'humiliation et de l'injustice. Voilà un excellent engrais pour cultiver son sentiment

d'insuffisance. C'est également un cercle vicieux qui nourrit sa dépression. Dépression que, bien sûr, elle refuse de voir.
Elle a du mal à reconnaître ses qualités, et pourtant, elles sont très nombreuses : honnêteté, fiabilité, endurance, sérieux, sincérité, authenticité… Ah ! Si seulement elle avait confiance en elle ! Elle se donnerait ainsi les moyens de faire confiance aux autres et cesserait de leur prêter des intentions négatives qu'ils n'ont pas…

Décodage

Peu valorisée par l'environnement, **cette personnalité doute en permanence de ses capacités**. Elle ressent également un sentiment d'insuffisance qui dépasse très largement la norme.

Se joint à cela, depuis l'enfance, un **sentiment de vulnérabilité**, de faiblesse, qui l'amène à se sentir écrasée dans toutes les circonstances qui lui paraissent défavorables.

Comment souffre-t-elle ?

Comme elle est très sensible, la personnalité sensitive **souffre des difficultés relationnelles que provoque sa méfiance.** Hypersensible aux critiques et n'ayant pas les moyens de se défendre, elle est comme un petit enfant qui n'a d'autre recours que les larmes pour exprimer le sentiment d'humiliation et d'injustice qu'elle ressent. **Elle se sent terriblement seule et incomprise, et en veut à tout son environnement.**

Partout où elle est, elle est la victime. Et vous savez que, lorsqu'on se pose en victime, on se dispense généralement de balayer devant sa porte pour regarder en face sa part de responsabilité. Au fond, c'est une façon de se donner l'illusion qu'elle a raison… et la preuve de son **immaturité**.

Elle souffre d'un manque, d'une **extrême fragilité émotionnelle**, d'une **hypersensibilité**. Et tout événement contraire lui est insupportable, car vécu comme un échec manifestant son insuffisance et son incompétence. Elle baisse les bras. C'est d'ailleurs quelqu'un qu'il faut encourager en permanence, car elle se dénigre et ne croit pas en ses compétences, ne se voyant aucune qualité.

Comment nous fait-elle souffrir ?

La personnalité sensitive aura bien du mal à trouver un partenaire qui restera à ses côtés ! Les jérémiades, les revendications, les larmes, la dépression de fond découragent. Au début, ça se passe plutôt bien, mais à la première remarque, la voici qui ajoute des larmes dans son thé ! **Cela déconcerte, culpabilise et met la spontanéité en berne. La relation devient trop compliquée.** À moins... à moins de tomber sur une personnalité un peu sadique qui prendra plaisir à voir dans quel état il peut la mettre.

Mais pour une personne plutôt équilibrée et dotée d'un bel instinct de vie, une femme ou un homme ayant la personnalité d'Hélène, c'est un « boulet » qu'il faut aimer avec un vrai dévouement afin d'espérer résister. Il lui faudra également une force intérieure exceptionnelle, qui lui évitera la culpabilité tout en préservant l'empathie !

LA PERSONNALITÉ PARANOÏDE

Pour cette personnalité, **le monde est par définition hostile**. Et les êtres humains qui en font partie sont fatalement des ennemis dont il faut se méfier.

Qui est-elle ?

Alexandre a 35 ans, beaucoup de présence, parle d'un ton convaincu et convaincant (c'est bien, pour un avocat), mène son cabinet à la baguette. Certains disent même qu'il se conduit comme un dictateur…

Pour chaque dossier, il est d'une extrême méfiance : il décortique tout avec logique, fait des recherches pointues afin d'éviter le moindre piège, coupe les cheveux en quatre. Il pense même qu'il est nécessaire de se méfier du discours des clients du cabinet eux-mêmes. Il voit le monde peuplé de méchants qui veulent lui nuire et les tribunaux sont pour lui des arènes aux lions.

Il est toujours certain d'avoir raison – et c'est souvent le cas –, affiche une belle estime de lui-même. C'est cela qui le booste quand il plaide, cette conviction, cette puissance, cette passion. Très consciencieux, il respecte les règles et les hommes, que ce soit dans le cadre professionnel ou privé.

Mais lors des réunions avec ses associés, il guette les sourires, les blagues qui pourraient être faites dans son dos. Chez lui, il surveille tout le monde, comme au sein de son cabinet. Tout est sous contrôle. Sa femme, Laura, s'est acheté une nouvelle robe qui la met en valeur : elle le trompe forcément ! Car Alexandre est jaloux, ce qui prouve qu'il n'a pas tant confiance en lui que cela, même s'il se trouve intelligent et compétent.

Cette jalousie se manifeste également en société. Il est capable de faire la tête et de se disputer violemment avec son épouse s'il lui a semblé qu'elle était trop aimable avec un convive.

Il exerce la même agressivité sur ses enfants. Et malgré leur jeune âge, ils ont bien évidemment, par voie de conséquence, le désir d'être déloyaux et de le rouler dans la farine dès qu'il a le dos tourné. À table, s'ils pouffent de rire après avoir échangé quelques mots à voix basse, ce qui a été dit était forcément contre lui. D'où colère et obligation, pour les enfants, de quitter la table.

Décodage

Comme vous pouvez le constater, les personnalités sensitive et paranoïde sont bien différentes ! Mais elles partagent leur **hyper-susceptibilité**, leur **méfiance** et un **manque notoire d'humour**, et il leur est quasiment impossible de prendre le moins recul sur les gens ou les événements.

Le paranoïde, lui, **perçoit le monde comme hostile** : l'unique vocation de tout un chacun, croit-il, est de lui vouloir du mal, au mieux de ne s'intéresser à lui que par pur intérêt. Prêtant aux autres des intentions négatives, il est difficile de devenir son ami et il faut, pour y parvenir, faire preuve d'un tact et d'une patience infinis. Il est tellement méfiant ! Grand susceptible, toute blague, crise de fou rire, aparté sont forcément dirigées contre lui.

Il est psychorigide car à cheval sur les principes, les normes, les règlements. C'est le roi du « cela se fait » et « cela ne se fait pas ». Du coup, il est procédurier – dès que quelque chose déroge au règlement pris *stricto sensu*, il acte en justice parfois pour faire reconnaître ses droits, parfois pour faire reconnaître ceux des autres.

Il est doté d'une très grande capacité de travail, il décortique tout, est très rationnel, très logique, intelligent. Très convaincu... Même quand la base de sa réflexion est le fruit de son ressenti (regard d'un collaborateur, aparté de sa secrétaire, attitude de son compagnon ou de sa femme mal interprétée...). Comme il est très convaincant, qu'il témoigne d'une grande logique, **il est difficile de le contredire, même lorsque sa réflexion s'appuie sur un postulat erroné.**

Comment souffre-t-elle ?

Les personnalités paranoïdes ne sont pas des personnes méchantes, au fond ; ce sont de braves types et de chics femmes. Mais elles sont les premières victimes de leur comportement et de leurs réactions inadaptées.

Le paranoïde éprouve de l'empathie, des sentiments, mais **ne peut se permettre de se laisser aller à les exprimer** : et si ces épanchements le mettaient en état de faiblesse et l'exposaient à une trahison, une déloyauté, une moquerie ? Car, au fond, on ne peut faire confiance à personne, même à ceux qui nous sont chers.

Comme ils sont toujours méfiants, toujours sur leurs gardes, toujours soupçonneux de mauvaises intentions à leur égard, les paranoïdes ne sont jamais détendus et sont dans l'**incapacité de profiter avec légèreté des relations qu'ils entretiennent**, même avec leurs amis et leurs proches.

Leur psychorigidité génère **tant une rigidité de leur comportement que de leur raisonnement**. Et comme le psychorigide veut toujours avoir raison et pense sincèrement qu'il pense juste, le voilà embringué, à la moindre objection, dans une discussion sans fin qui alimente sa croyance fondamentale : si l'autre ne pense pas comme moi, c'est qu'il veut me détruire, nuire à mon autorité, nuire à la place que j'occupe dans la famille, dans la société où je travaille. **Toute objection, toute opposition fait naître le sentiment d'être en danger.** D'où, là encore, une grande souffrance.

Comment nous fait-elle souffrir ?

Avec une personnalité paranoïde, il est **difficile de vivre une relation épanouie, libre et sereine**. Tant dans la sphère professionnelle que privée, sa méfiance, sa suspicion font que l'on a intérêt à ne pas tout dire, à mentir par omission pour éviter l'état de guerre. **Vivre ainsi dans un demi-mensonge permanent est très inconfortable et culpabilisant**, mais c'est là le prix à payer pour mener une vie à peu près normale et ne pas nourrir la jalousie du paranoïde.

Le sentiment de liberté est ainsi singulièrement atteint ! Il est très frustrant de ne pouvoir s'habiller selon ses goûts pour ne pas susciter la méfiance de l'autre, ne pas se comporter comme on le souhaiterait en société, ne pas nourrir des relations sociales qui nous satisfont. **Il y a une sorte de dépossession de soi-même.** Car il est vrai que le paranoïde contrôle ses collaborateurs, son ou sa partenaire, ses enfants. Rien ne l'arrête. Au moindre soupçon, il vérifie, cherche la preuve de l'infamie : portable, ordinateur, lettres sont activement recherchés et épluchés – il est même capable de faire appel à un détective privé ! **Aucune intimité n'est possible.**

Il ne trouve rien la plupart du temps, bien sûr. Mais les scènes de ménage qu'il provoque et dans lesquelles il est si difficile de se faire entendre, d'argumenter, **usent la relation et font parfois partir l'épouse ou l'époux** qui, légitimement, ne supporte plus d'être surveillé(e) et de subir constamment des procès d'intention. D'autant plus que l'humeur du paranoïde est bien loin d'être douce. **C'est un dictateur-né, partout où il va**, tant à son travail qu'avec sa famille, et son commandement est dur, sans concession. **Non seulement il est violent verbalement, mais il peut, également, l'être physiquement.** Quitte à le regretter vivement après.

À NOTER

Leur propre hostilité engendre l'hostilité des autres, et cela, paradoxalement, les apaise car elle est la preuve qu'ils ont raison de penser que les autres leur sont hostiles. Cela les conforte, mais ne les rend pas heureux pour autant.

Rancunier, **il réagit de façon punitive** : critique pour tout et rien, bouderies, mises à l'écart très disproportionnées par rapport aux offenses supposées... Voilà ce que vivent les personnes qui évoluent dans l'environnement de la personne paranoïde. Et ma foi, c'est bien difficile à supporter. À en devenir soi-même « parano » !

D'OÙ VIENNENT CES DEUX PERSONNALITÉS ?

En raison même de leur croyance fondamentale selon laquelle le monde est plein de personnes qui leur veulent du mal et leur sont hostiles, il apparaît évident que la personnalité sensitive et la personnalité paranoïde se forgent pendant l'enfance : **soit l'enfant a perdu confiance lors d'un divorce ou lors du décès d'un des parents, soit les parents ne l'ont pas soutenu lors d'un événement vécu comme une épreuve.** Alors, ou bien l'enfant s'est senti détruit, inexistant, sans valeur, ou bien il a décidé qu'il ne pouvait compter que sur lui.

À NOTER

Il arrive aussi que l'un des parents soit lui-même une personnalité sensitive ou paranoïde. Processus d'identification ou d'imitation sont dans ce cas à l'origine de cette personnalité.

Si l'enfant portait en lui une prédisposition à la dépression, celle-ci a constitué le ferment de la personnalité paranoïde sensitive. En l'absence de cette tendance chez l'enfant, c'est l'agressivité qui a pris le dessus.

Chapitre 5

Les personnalités anxieuses et hyperstressées

Ces deux types de personnalités sont fréquents et il se pourrait bien que le contexte sociétal y ait une part de responsabilité (voir p. 17). La société, en effet, n'apparaît pas comme rassurante tant sur le plan économique que sur celui de la sécurité, et même dans la sphère privée, nous vivons dans un monde incertain, susceptible d'être ressenti comme dangereux ou, à tout le moins, menaçant.

Ce n'est donc pas un hasard si nous croisons sur notre route beaucoup de personnes anxieuses ou hyperstressées.

LA PERSONNALITÉ ANXIEUSE

C'est un type de personnalité plutôt fréquent puisqu'il concerne **5 à 7 % de la population.** On en rencontre plus souvent chez les femmes que chez les hommes.

Ce fonctionnement anxieux peut aller du supportable – une angoisse de fond contre laquelle on va mettre en place des mécanismes de défense nous permettant, somme toute, de vivre comme tout le monde – à l'invivable, à savoir des troubles obsessionnels compulsifs envahissants et chronophages, ou bien encore des attaques de panique avec sentiment de mort imminente empêchant toute action et pénalisant profondément la personne qui en est victime. En effet, **elle ne peut pas vivre une vie sociale normale et risque de se retrouver totalement isolée**, avec tous les problèmes que cela engendre sur les plans familial et professionnel.

Pour nous en convaincre, analysons donc le cas de Corinne.

Qui est-elle ?

Corinne

Corinne a 38 ans et elle enseigne les lettres en classe terminale. Elle vit constamment dans l'anxiété. Par exemple, demain, elle déménage pour un logement plus grand, plus beau, plus confortable et bien plus facile d'accès. Si vous étiez à sa place, vous en jubileriez d'avance. Mais dans le cas de Corinne, ce changement positif la plonge au contraire dans un état d'anxiété que vous ne sauriez imaginer. Elle se ronge les ongles et les sangs. Voici ce qu'elle rumine depuis plusieurs jours : « *Les déménageurs ne vont-ils pas oublier de venir ? Arriveront-ils à l'heure ? Et si jamais les camions se retrouvaient bloqués dans un accident ?* »
Cela fait deux jours maintenant qu'elle les harcèle de coups de téléphone afin de s'assurer de leur venue. Mais tant qu'ils ne seront

pas là, elle restera plongée dans une profonde anxiété et sera incapable de trouver le sommeil. Bien évidemment, cet état de fatigue va amplifier l'anxiété dans laquelle elle se trouve. Comme Corinne doit changer d'itinéraire pour se rendre au lycée où elle enseigne, prudemment, elle a déjà effectué trois fois le nouveau trajet afin de repérer les endroits dangereux ou susceptibles d'être embouteillés. Ce souci ne lui suffisant pas, elle s'inquiète également pour sa fille, Lou, une charmante adolescente de 15 ans... l'âge de tous les dangers, de toutes les tentations, de toutes les expériences, surtout les mauvaises. Et Corinne s'adonne quotidiennement à des ruminations pesantes à son sujet : « *J'ai peur de la relation qu'elle entretient avec Sabrina. Je trouve cette fille très délurée ; son unique sujet de conversation tourne autour des garçons ! Et puis, pourquoi Lou s'attarde-t-elle à la sortie du lycée ? Et s'il y avait de la drogue ? Et si elle en prenait sans qu'on le sache ? Et pourquoi donc veut-elle à tout prix rester dormir chez Sabrina, samedi prochain ? Pourvu que ses parents soient présents... on ne sait jamais, je vais leur téléphoner pour m'en assurer.* »

Pour elle, décidément, rien n'est simple. Ce matin, avant de venir à mon cabinet, il s'est produit un événement qui l'a fortement ébranlée. Son mari a oublié son manteau. Nous sommes en février et, par conséquent, il fait froid. « *Mon Dieu, et s'il prenait froid et tombait malade le jour du déménagement ? Il ne pourrait pas m'aider et moi, je ne pourrais pas le soigner, car je serais trop prise...* » Elle lui a donc déjà téléphoné pour lui demander comment il se sent. Il est 9 h 15 et, déjà, alors que nous n'en sommes qu'à la moitié de notre entretien, elle s'agite dans son fauteuil. Son angoisse est palpable – je pourrais presque la toucher. Je lui demande ce qui se passe, et voici ce qu'elle me répond : « *J'ai oublié de vérifier que le contenu des cartons numérotés correspondait bien à la liste que j'ai dressée.* »

Voilà donc Corinne et son incoercible propension à tout voir en négatif, à anticiper le pire. Elle a énormément de mal à être présente au présent.

Décodage

Il est tout à fait normal d'éprouver de l'angoisse de temps en temps, tout comme il est tout aussi normal, dans certaines circonstances, d'être anxieux. Ainsi, quand vous entendez parler de licenciement collectif, quand vous passez le permis de conduire, quand vous vous apprêtez à faire votre premier saut en parachute, quand vous faites connaissance avec les parents de votre future moitié, quand vous allez passer un entretien d'embauche, etc., vous vous sentez inquiet et c'est tout naturel. Bref, à chaque fois que vous vous trouvez dans une situation réelle et nouvelle comportant des risques tout aussi réels, car la situation s'y prête *effectivement*.

DES INQUIÉTUDES SALUTAIRES

Et cette angoisse ou cette inquiétude sont souvent utiles ! En effet, elles vous permettent d'être vigilant, de flairer le danger, de prendre, éventuellement, la fuite si besoin est. Généralement, il n'est pas nécessaire d'attendre bien longtemps pour que l'anxiété s'en aille et que vous retrouviez votre état normal. Votre rythme cardiaque se calme, vous cessez de transpirer, vos muscles se détendent et la petite boule au ventre que vous ressentiez a miraculeusement disparu. L'événement est derrière vous et vous allez de l'avant, vers de nouvelles aventures, convaincu que, dans la vie, s'il y a des moments difficiles, il en est d'autres très agréables qui valent la peine d'être vécus. Cet enchaînement de réactions et cette vision du monde sont communs à la plupart d'entre nous.

La personnalité anxieuse qu'illustre Corinne, quant à elle, **n'a pas besoin d'être en présence de l'événement anxiogène pour se**

sentir mal. L'idée même de la possibilité de la survenue de l'événement redouté est suffisante pour nourrir le nid de l'angoisse. Et comme un malheur envisagé ne peut arriver seul, la personnalité anxieuse prévoit même toute une cascade d'événements malheureux. C'est un cercle vicieux sans fin. Et ces personnalités passent en permanence de l'anxiété à l'angoisse, très facilement.

À NOTER

Angoisse et anxiété, quelle est la différence ? L'angoisse n'a besoin d'aucun support pour émerger, à l'inverse de l'anxiété qui, elle, part toujours d'une réalité qu'on extrapole négativement. Mais à force de s'inquiéter pour tout, se développe en nous une angoisse de fond qui n'a besoin d'aucun objet réel pour exister, ni dans le présent ni dans le futur.

Cette angoisse constitue la toile de fond de la vision du monde de la personnalité anxieuse. Elle est intense et peut durer plusieurs jours, se nourrissant de toutes les incertitudes que la vie peut nous offrir. **Même une bonne nouvelle peut se révéler menaçante** ; il faudra forcément la payer un jour, car elle vient contredire le credo de la personnalité anxieuse : « *Il ne peut arriver que du mauvais* ». Il faudra donc régler la note de ce moment de bonheur car le danger rôde, malgré tout. C'est la raison pour laquelle il lui est si difficile de profiter du moment présent lorsqu'il est agréable.

C'est donc l'**anticipation anxieuse** qui caractérise cette personnalité. Elle porte une attention exagérée au risque, au malheur. Puisque le monde est dangereux, il faut être à l'affût de tout ce qui pourrait mal tourner et veiller constamment à ce que le danger supposé ne se concrétise pas.

D'où vient-elle ?

Le fait d'avoir vécu des **événements traumatisants** ou d'avoir eu des **parents eux-mêmes très angoissés** peut s'avérer propice à la construction de cette personnalité.

À NOTER

Le facteur génétique peut également jouer un rôle prépondérant : on a ainsi constaté que, même si ce n'étaient pas directement les parents, ce sont parfois des ascendants et même des collatéraux comme des oncles, des tantes (ce qui est encore plus étonnant) qui ont connu les mêmes désagréments, les mêmes souffrances, le même handicap. Et l'enfant a capté involontairement cet héritage.

Comment souffre-t-elle ?

Cette conception du monde a trois conséquences négatives :
- une **obsession du contrôle** ;
- un **perfectionnisme exacerbé** ;
- des **symptômes somatiques** : en effet, la tension interne est telle qu'elle provoque des contractions musculaires, des douleurs cervicales, des suées nocturnes, des tachycardies, des nausées, des maux de ventre ou d'estomac et des difficultés de sommeil.

Comment nous fait-elle souffrir ?

Les personnalités anxieuses nous font souffrir car **l'angoisse est quelque chose de contagieux**. Même si l'on parvient à se contrôler, il est impossible d'amener rationnellement la personne à plus de confiance, de détente et de sérénité. Ce n'est qu'après coup qu'elle réalise la justesse de votre argumentation, le fait qu'elle soit encore là pour en parler : non, elle n'est pas morte, tout va bien !

LA PERSONNALITÉ HYPERSTRESSÉE

Moins en souffrance que la précédente, cette personnalité est en revanche vraiment difficile à vivre, susceptible de vous faire sortir de vos gonds, de vous exaspérer et... de vous épuiser littéralement.

Qui est-elle ?

Yann

Yann a 40 ans. Il est mince, presque maigre tout en étant athlétique. Nous sommes en hiver et il est bronzé comme si nous vivions aux Caraïbes... Il émane de lui dynamisme et tonus. Directeur commercial, il travaille énormément. C'est sur la recommandation de son cardiologue qu'il vient me voir, car il se met en danger.

Yann ne supporte pas d'attendre. J'avais quelques minutes de retard et, après les salutations d'usage, il me demande d'une façon abrupte : « *Ça vous arrive souvent d'être en retard ?* » Je réponds du tac au tac : « *Oui, car je ne laisse personne quitter mon cabinet en mauvais état. Vous pourrez en bénéficier !* »

Le ton est donné : il ne faudra pas céder d'un pouce.

Yann me raconte que, chaque matin, il doit supporter des embouteillages monstrueux qui le rendent littéralement enragé. Il klaxonne comme un forcené, injurie les autres conducteurs en les traitant de tous les noms d'oiseaux possibles. Rien ne l'apaise et leur manque d'anticipation le rend malade. Lorsque sa femme est à ses côtés et essaie de le ramener à la raison, il ne le supporte pas.

Il est impossible de lui faire la moindre observation sur son comportement, car il prend cela comme une déclaration de guerre. Et cette guerre – dont l'enjeu est souvent ridicule –, il doit la gagner, bien sûr. Pour avoir le dernier mot, il peut se montrer insultant avec son épouse, et même franchement de mauvaise foi. Il lui dit regretter... après coup, une fois qu'il la mise K.-O. (symboliquement, s'entend). Une fois que le mal est fait.

Yann parle très vite et j'ai du mal à le suivre par moments, car il fait des raccourcis saisissants. « *Oui, me dit-il, j'en ai conscience, mais vous savez, la vitesse et l'action sont mes raisons de vivre. Mon boss m'a surnommé "la tornade blanche" !* »

Est-il utile d'ajouter qu'il est très efficace et qu'il signe énormément de contrats malgré ses méthodes à la hussarde ? Sa vie est là : dans cette belle réussite professionnelle et cette activité débridée dont il a tant besoin.

Décodage

Un quotidien mouvementé

Mais que fait donc Yann ? **Il lutte contre le temps.** Il a besoin de le contrôler, de l'asservir. Il est dans la **toute-puissance**, celle du stade anal, période pendant laquelle l'enfant fait de grosses colères lorsque ce qui se produit va à l'encontre de son désir et de sa volonté. **L'hyperstressé fait preuve d'immaturité**, même s'il est tout à fait capable d'assumer de lourdes responsabilités. Mais si cette capacité à prendre des responsabilités est réelle, elle s'exerce **toujours dans la tension**, jamais dans le relatif confort que l'on peut connaître lorsque, dans le cadre de notre profession, nous parvenons à prendre du recul et à rester calmes face à une situation coutumière... Pour l'hyperstressé, l'expérience acquise n'est pas apaisante car, **quel que soit le cas de figure, c'est « toujours la première fois »**.

L'hyperstressé explose ainsi pour un rien – mais cela a le mérite de le libérer de son surplus de tension. Il est comme la cocotte-minute qui doit libérer sa vapeur afin de ne pas imploser.

Si l'hyperstressé se met vite en colère, il se calme également très vite. Ce calme revient lorsque la tension a suffisamment baissé pour qu'il puisse enfin ressentir un équilibre intérieur.

Beaucoup d'humour... vis-à-vis des autres
Les personnalités hyperstressées sont ombrageuses, susceptibles, voire irascibles, et **totalement dénuées du moindre sens de l'humour en ce qui les concerne**. En revanche, elles ont la dent dure pour les autres et sont adeptes de formules cinglantes et meurtrières parfois très drôles – de leur point de vue.

Si elles assassinent souvent, c'est avec esprit car elles sont **généralement brillantes**. Mais comme **elles ne savent pas mettre de limites à leurs propos**, elles sont aussi, parfois, ridicules dans leur exagération.

Des conséquences néfastes pour toute la famille
Cette attitude, vous la retrouvez tant dans le milieu professionnel que dans la sphère intime. Certaines personnes hyperstressées peuvent ainsi être comme Yann qui, même dans le cadre de sa vie privée, ne peut quitter le registre de la compétition. **Seul le résultat qu'il obtient, et qui va dans son sens, lui procurera du plaisir.**

Auprès des enfants, il est donc le père ou la mère autoritaire et terrorisant qui les pousse à prendre des risques physiques dont ils n'ont pas nécessairement envie, qui s'exaspère et pique des colères d'ogre quand l'un d'entre eux met trop de temps à résoudre un problème de mathématiques ou bien cale sur une version d'anglais. **C'est un parent non seulement autoritaire et stressant, mais également et surtout un parent absent.** Il ne s'intéresse que rarement à ce que font ses enfants puisque seul compte pour lui le résultat, et lorsqu'il le fait, généralement, ça se passe mal : colère, pleurs, énervements, claques...

De perpétuels impatients

Les hyperstressés font preuve d'une **hostilité agressive envers les tièdes, les lents.** Ce sont eux que l'on entend critiquer la vendeuse qui, à leurs yeux, n'est pas suffisamment empressée et qui l'interpellent avec agressivité. Ce sont eux également qui soufflent et soupirent dans la salle d'attente du médecin ou du dentiste quand le praticien tarde un peu avec un patient. Qui, même, peuvent se révéler très désagréables vis-à-vis d'une personne âgée ou invalide qui ose ralentir leur marche. **Ils peuvent devenir odieux tant dans leurs paroles que dans leur attitude.** Non seulement ils peuvent être injurieux, mais également se comporter de façon humiliante et méprisante.

JAMAIS DANS L'INSTANT

Tout comme ils marchent vite, ils mangent vite, ou plutôt ne mangent pas, ne goûtent pas, ne savourent pas (ce serait s'attarder dans l'instant) ; ils avalent leur nourriture. Il n'y a pas que les aliments qu'ils avalent ; ce sont aussi les mots : ils parlent si vite qu'ils les escamotent comme s'ils avaient hâte d'arriver à la fin de leurs phrases sous peine d'être déconnectés du flux de leurs idées. Être présent au présent, ils ne savent pas faire, et d'ailleurs ne veulent même pas en entendre parler : quelle perte de temps préjudiciable pour eux ! Non, les hyperstressés sont constamment dans l'anticipation du futur, de la suite, du prochain défi à relever, de la prochaine compétition. On se doutera bien qu'ils ne sont guère épanouis et n'invitent pas leur entourage lui-même à l'épanouissement.

D'où vient-elle ?

On constate tout d'abord que les hyperstressés, enfants, ont connu une **éducation autoritaire** et subi **beaucoup trop de pression**. Pour satisfaire les parents, ils devaient être « les meilleurs », ne pas se contenter du moyen ou du bon. Il est plus que probable que certains de ces parents projetaient sur leurs enfants les rêves de réussite qu'ils n'avaient pu concrétiser pour eux-mêmes.

Comme ils se sentaient soutenus et appréciés dans leurs efforts, pour se faire aimer de leurs parents, ces enfants ont joué les bons petits soldats, pris sur eux, serré leurs petits poings. Et les bénéfices secondaires obtenus leur plaisaient bien : **leurs parents les considéraient et les aimaient davantage encore quand ils étaient le/la meilleur(e)**, le/la plus courageux(se), et ils étaient admirés et enviés de leurs camarades. Mais ce résultat n'était pas obtenu dans la facilité, dans la fluidité, la souplesse, la confiance, la patience. Pour atteindre ce but, à défaut de plaisir, ils ressentaient une **pression interne considérable**. Même s'ils réussissaient, c'était chaque jour une barre placée encore plus haut que la veille qu'il fallait sauter.

À NOTER

Cette pression intense explique les troubles du sommeil précoces que connaissent ces enfants, ainsi que les cauchemars qui peuplent leurs nuits.

Il se peut également que l'un des deux parents était, lui-même, une personnalité hyperstressée et que l'enfant reproduise son modèle. Et pour peu que ce parent apparaisse à l'enfant comme étant « admirable » (soit en raison de sa réussite, soit en raison de sa façon d'être, de faire), le processus d'identification s'est installé plus profondément encore, en dépit de l'inconfort que génère cette tension permanente.

LE RÔLE IMPORTANT DU CORTISOL

Des recherches scientifiques récentes mettent en cause un déséquilibre de la production de cortisol, l'hormone du stress. Il y aurait donc également une raison purement physiologique à l'origine de l'éclosion de ce type de personnalités. Tous les enfants élevés par des parents autoritaires et hyperstressés ne deviennent pas systématiquement eux-mêmes des personnalités hyperstressées ; on peut donc raisonnablement envisager le fait que le déséquilibre de production de cortisol constituera, par la suite, le terreau sur lequel va germer cette personnalité.

Comment souffre-t-elle ?

Ce que vivent les personnalités anxieuses et hyperstressées est à proprement parler éprouvant. Elles se mettent elles-mêmes la pression en raison d'une **angoisse de fond** avec laquelle elles ne peuvent dialoguer, bien trop puissante. Le seul moyen supportable de vivre est alors de ne pas la prendre en compte, de ne lui laisser aucun espace pour pouvoir s'exprimer. De fait, l'hyperstressé ne court pas vraiment vers un but ; il court pour échapper à l'angoisse qui le tenaille, une perpétuelle course en avant pour fuir le vide, la mort. **S'il s'arrête de courir, d'agir, il se retrouve devant un vide, une « vacance » intérieure qui lui est intolérable.** C'est la raison pour laquelle **rivalité et activité le rassurent** : il en a besoin comme d'une drogue afin de pouvoir tenir debout.

À NOTER

Ce rythme de vie effréné est dangereux, car la personnalité hyperstressée s'y épuise et les risques de maladies cardio-vasculaires sont élevés : ainsi, infarctus et AVC la guettent, sans parler du burn-out.

Comment nous fait-elle souffrir ?

Les personnes hyperstressées sont **très lucides à propos de leurs agissements**. Après coup, elles ont conscience du mal qu'elles ont fait. Et souvent, elles ne savent pas trop comment « réparer ». Elles s'y essayent parfois avec maladresse, mais on ne leur en veut pas car « le fond est bon ». C'est un brave homme, une brave femme...

Colères et dévalorisation à foison

Le fond a beau être bon, il n'en demeure pas moins qu'elles nous font souffrir ! En effet, nous subissons **des colères qui nous paraissent disproportionnées** par rapport à la cause. C'est une bien petite mèche pour une si grosse explosion ! Et puis, ce que nous avons entendu sur nous nous a meurtris, blessés. Surtout quand il s'agit du compagnon ou du père, de l'épouse ou de la mère. L'image de nous-mêmes qui nous a été renvoyée est non seulement dévalorisante, mais également humiliante. Nous avons subi des injures incompatibles avec le respect que l'on doit à l'autre, surtout si on prétend l'aimer. Car là, vraiment, **nous ne nous sentons pas du tout aimés, respectés, écoutés**.

Même lorsque Yann va bien, quand il rentre à la maison, il fait régner un tel climat de tension que les enfants filent dans leur chambre et que sa femme se demande ce qu'elle peut faire pour éviter que n'éclate un orage. Il y a toujours de l'électricité dans l'air.

Les enfants aussi sont sous pression

Les enfants, justement, souffrent d'une **éducation à la fois dure et autoritaire.** Ils sont soumis à une discipline de fer, un peu anachronique, où l'interdit le dispute à la performance. Ils n'ont pas le droit de perdre leur temps, de rêver, et **ont l'obligation d'être bons en sport, à l'école, dans leurs relations sociales, partout.**

> À NOTER
>
> Même lors des repas, supposés être des moments conviviaux et de partage, les enfants sont sous pression et doivent se tenir constamment d'une façon « correcte ». À plus forte raison si les résultats ne sont pas à la hauteur de ce qui est attendu, comme par « compensation ».

L'autre parent peut toujours essayer de tempérer les exigences de l'hyperstressé, qui lui paraissent irréalistes : ce sera peine perdue, mais il s'attirera en revanche les foudres de sa compagne ou de son compagnon. Il aura l'impression d'**aller quotidiennement au front pour un rien** – et savourera avec soulagement les absences de l'autre pour relâcher enfin la pression et donner un peu d'air aux enfants.

Un poids délétère pour le couple

Ces exigences élevées concernent également la personne avec laquelle vit l'hyperstressé : elle non plus ne peut se laisser aller, ne peut prendre son temps si elle veut éviter de se faire agresser verbalement. Il lui faut donc (si elle désire entretenir une relation vivable) penser, agir, marcher – ou plutôt courir – au même rythme que l'autre. Si elle ou il se refuse à le faire, **elle ou il subira, à n'en pas douter, les critiques blessantes et les sarcasmes** de son compagnon ou de sa compagne hyperstressé(e).

Cela peut littéralement épuiser le conjoint de la personnalité hyperstressée en lui imposant une pression qui l'empêche de respecter son rythme personnel, plus lent, certes, mais tellement plus agréable – ou simplement plus vivable... Avec le temps, si le partenaire n'apprend pas à dire « non », il risque fort de **développer du ressentiment, redoutable poison du couple**.

Ce qui guette les personnes qui vivent dans l'entourage proche de la personne hyperstressée, ce sont donc l'**épuisement** et la **dévalorisation de soi-même**, la **perte de confiance en soi ainsi que d'un sentiment de légèreté, de liberté**, indispensables pour conserver le goût de vivre. Les conséquences, pour le partenaire comme pour le couple, peuvent ainsi se révéler désastreuses sur le long terme.

Chapitre 6

Les personnalités évitantes et solitaires

Être en contact avec le monde n'est pas évident pour tous et peut être source de souffrance. C'est la raison pour laquelle certaines personnalités cherchent à se protéger de l'extérieur en développant soit une personnalité évitante, soit une personnalité solitaire. C'est ce qu'on appelle un mécanisme de défense.

LA PERSONNALITÉ ÉVITANTE

C'est une personnalité **qui se met volontairement en retrait**, apprécie l'intimité et préfère très largement la solitude à des relations sociales et même amicales.

À NOTER

La discrétion de sa façon d'être, loin d'être dérangeante, peut aussi parfois tout à fait nous convenir et contrebalancer une certaine propension à l'extraversion, au débordement et à l'oubli des limites. La personnalité évitante peut donc faire office de garde-fou et modérer nos transports excessifs si telle est notre propre personnalité.

Qui est-elle ?

Lucas

Lucas, 30 ans, travaille dans une administration, s'applique consciencieusement dans ses tâches, est compétent, mais n'évolue pas. D'une discrétion absolue, il en est même transparent. Il a du mal à regarder son interlocuteur dans les yeux et sa poignée de main est hésitante, manque de fermeté. Connu pour sa maladresse, il a le chic pour renverser son café sur le document le plus important d'un dossier ! Parce qu'il se montre perpétuellement consensuel, on ne sait jamais ce qu'il pense vraiment et il a bien du mal à défendre un dossier devant son supérieur hiérarchique. N'ayant aucune confiance en lui, il se sent facilement mal à l'aise et désarmé. Daphné, sa compagne, s'ennuie ferme et supporte mal la routine qu'il lui impose. Il lui faut tout le temps le rassurer.

Décodage

Lucas reste systématiquement à l'écart des affrontements, et cela met à mal la confiance que l'on pourrait lui accorder. C'est pourquoi il lui est **difficile de construire de vraies relations de travail ou de lier de véritables amitiés** : ce retrait a pour résultat que les autres, que ce soit dans le milieu professionnel ou dans la sphère privée, ont une image très floue de la personnalité évitante. Il peut, ainsi, éveiller des inimitiés auxquelles il est dans l'incapacité de faire face. Mais ça, il en a l'habitude depuis l'enfance.

Le rêve secret de Lucas serait de revêtir la cape d'invisibilité de Harry Potter. **C'est la raison pour laquelle il est d'une infinie politesse et cultive à fond le conformisme afin de se fondre dans la masse.** En effet, il a besoin de protection et de sécurité : moins il bouge, moins il risque, et mieux il se sent.

D'où vient-elle ?

On ne naît pas évitant : on le devient. **Le rôle des parents est, une fois encore, primordial :** ceux-ci ne s'aperçoivent pas de l'hypersensibilité et de la vulnérabilité de leur enfant, et, malgré leur amour, ils font l'inverse de ce dont ce dernier a besoin.

Ainsi, la personnalité évitante n'a pas été « narcissisée » durant son enfance, c'est-à-dire qu'**on ne lui a pas permis d'avoir conscience de sa valeur, de ses compétences** ; en conséquence, elle a développé une faible estime d'elle-même.

Souvent, on constate également que **le milieu familial s'est révélé dévalorisant** : les parents, ou le reste de la fratrie, auront pu « écraser », dévaloriser cet enfant sensible et l'accabler de moqueries. Sa tendance à la dévalorisation a ainsi été quotidiennement alimentée. En compensation, il va mettre en œuvre un respect exacerbé des règles de politesse et de bienséance (afin d'éviter la confrontation et de n'avoir rien à se reprocher) et **faire silence sur ce qu'il pense et ressent vraiment.**

Comment souffre-t-elle ?

La personnalité évitante souffre d'un **profond manque d'estime de soi** et d'une **peur pathologique du rejet**. Le monde extérieur est alors pour elle une jungle dans laquelle elle ne doit **surtout pas se faire remarquer**, car elle est persuadée d'être plus faible que les autres. Elle en vient même à nier ses succès et ses réussites : c'est forcément la chance, non ses mérites, qui les explique.

Sur le plan amoureux, l'évitant ne peut prendre **aucune initiative**. Qui pourrait-il donc intéresser ? Pour Lucas, c'est donc Daphné qui a fait les premiers pas vers lui.

Puisqu'il doute anxieusement de lui-même, l'évitant **s'enferme dans un cercle très restreint et s'auto-limite**. Il en souffre, mais entre la souffrance générée par un éventuel rejet et celle de ne pouvoir fréquenter qu'un cercle restreint et peu évolutif d'amis, le choix de la moindre souffrance s'impose.

Comment nous fait-elle souffrir ?

Un immobilisme et un manque d'authenticité qui freinent les relations sociales

Cette propension au « surplace » peut très vite devenir **insupportable, irritante, étouffante pour l'entourage**, car ce genre d'immobilisme est un enfermement pour les autres, qui se sentent impuissants et pris au piège.

Sa consensualité excessive peut faire naître le doute : est-ce authentique ou n'est-ce qu'une parade pour avoir la paix, éviter tout conflit ? **Ses proches ont du mal à lui faire confiance, ne sachant ce qu'il pense réellement, qui il est vraiment.**

Couple : gare à la routine mortifère !

Son refus de toute nouveauté, d'être exposé à des situations dont il ne connaît pas à l'avance les conséquences – s'expose-t-il à de la bienveillance ou à du rejet ? – **plonge le couple dans une routine**

telle qu'elle peut toucher à l'inertie et à l'isolement. Et vous savez bien qu'un couple sans contacts amicaux, sociaux, non ouvert sur le monde et à la nouveauté est un couple qui s'étiole, car il lui manque la « nourriture » affective et intellectuelle qu'apporte le monde extérieur et qui contribue à renouveler le quotidien. La compagne ou le compagnon de la personnalité évitante se voit imposer un rétrécissement du monde si elle ou il n'y prend garde. **Et cela devient étouffant.** Ah, que la vie devient longue, monotone et ennuyeuse !

À NOTER

Heureusement, dans la plupart des cas, les personnalités évitantes… s'évitent. Et trouvent donc bien souvent un partenaire différent d'elles et susceptible de les rassurer et de leur apporter cette confiance qu'elles n'ont pas su ancrer en elles.

Conflit et rejet de la part des enfants

Vis-à-vis des enfants, l'attitude de la personnalité évitante est encore plus pénalisante. **L'autorité du parent évitant est dépréciée, dégradée** : dire « non », sanctionner, s'exposer à un conflit est source de trop de difficultés et d'efforts pour cette personnalité, car le rejet – même momentané – de sa progéniture constituerait une souffrance qu'elle ne peut endurer.

Quant à la discrétion, la pudeur du parent évitant, elles peuvent être interprétées comme un manque d'intérêt. Ses enfants pourront le percevoir comme une mère ou un père **distant et peu fiable, soumis aux décisions de son conjoint, manquant cruellement de personnalité.** Ce n'est donc pas sur ce parent évitant que l'enfant peut compter pour lui redonner confiance en cas de problème au sein de la fratrie ou au contact du monde extérieur. L'enfant aura du mal à s'identifier à ce parent transparent et, au choix, **sera dans le conflit pur et dur** ou bien **le prendra pour modèle et développera le même type de personnalité** si le terrain s'y prête.

Un immobilisme qui ne s'accorde pas avec le monde du travail

Enfin, dans le cadre professionnel, l'évitant **exaspère collègues et supérieurs**. Certes, il est gentil et dévoué, mais il ne faut surtout pas lui confier une tâche qu'il n'a pas coutume d'accomplir. Puisqu'il doute de lui-même, il ne croit pas en ses compétences et ne déploiera pas les moyens pour relever le défi... mais comme il ne s'exprime pas par un « non » simple et franc, par peur du rejet, **il acceptera de se charger de ce qu'on lui confie, mais procrastinera à outrance**, remettant au lendemain ce qu'il se pense incapable de faire aujourd'hui. Un tel comportement met toute l'équipe dans un état de nerfs et de stress épouvantable. Perçu comme un boulet têtu, **l'évitant provoque des sentiments d'incompréhension, d'agacement et, à terme, de rejet... ce qu'il redoutait précisément**.

À NOTER

C'est très involontairement que la personnalité évitante produit cet effet, vous vous en doutez, et lorsqu'elle en prend conscience, elle culpabilise, se dévalorise plus encore, redoute toujours plus le rejet et les critiques qu'elle finit par provoquer *effectivement* malgré elle. Elle souffre donc davantage et développe ainsi plus en profondeur, sans le vouloir, sa capacité de nuisance. C'est un véritable cercle vicieux !

Sa capacité d'imagination étant grande, pour fuir cette douleur psychique, la personnalité évitante peut parfois passer d'une réalité qui lui est insupportable à une sorte de rêve éveillé plus « confortable » qui vient apaiser sa douleur.

LA PERSONNALITÉ SOLITAIRE

La personnalité solitaire, à l'inverse de la personnalité évitante, **choisit de se mettre réellement à côté du monde.** Et d'être au minimum en contact avec lui. Sa seule motivation sera d'y trouver ses moyens de subsistance et, éventuellement, de satisfaire une passion. C'est souvent le cas des très grands savants et artistes, qui se mettent en marge pour se consacrer à leur vocation.

Qui est-elle ?

Patrick a 35 ans, il est marié et père de deux enfants. À première vue, il n'est pas un homme solitaire. Et pourtant... Il est chercheur en astrophysique et adore réellement son travail. Il s'y adonne avec passion. Tous les jours, il se rend à son bureau avec le même pantalon de velours, la même chemise et la même veste ; ses chaussures sont éculées, car il n'en change jamais. Manifestement, son look lui est totalement indifférent. C'est à peine s'il connaît les prénoms de ses collaborateurs et les seules conversations qui l'intéressent tournent autour des découvertes que fait son équipe. Par moments, alors même qu'on lui parle, brusquement, il semble être ailleurs, perdu dans l'univers qu'il a coutume d'ausculter avidement.

Avec Mélissa, sa compagne, qu'il aime pourtant profondément, il ne manifeste ni amour ni tendresse. Les gestes d'attention, de douceur, de sensualité lui sont totalement étrangers. Il est dans l'incapacité d'exprimer les sentiments profonds qu'il lui porte. Par contre, il excelle dans le mutisme et peut rester de longues heures, parfois même des journées entières, sans desserrer les dents ! Comme il n'exprime ni ses sentiments ni ses émotions, les personnes qui l'entourent ont l'impression qu'il ne ressent rien à leur égard et qu'il est totalement indifférent à ce qu'elles vivent et éprouvent.

Ce n'est donc pas à lui que l'on a envie de confier les enfants. Ne voyant rien de ce qui se passe concrètement dans son environnement direct lorsque celui-ci n'est pas professionnel, il ne faut pas non plus compter sur lui pour s'occuper de la maison ! Patrick n'a conscience de rien autour de lui – c'est d'autant plus étonnant que, dans le cadre de son travail qui le passionne, il fait preuve d'une acuité visuelle et intellectuelle étonnante.

Il apparaît donc comme un homme distrait, une sorte de professeur Tournesol toujours plongé dans son univers personnel. Il vit essentiellement dans celui-ci et il lui est très difficile d'en sortir.

Il est particulièrement autonome et cette autonomie, surprenante tout de même (car il donne le sentiment d'être « décalé » par rapport à la réalité du monde), donne à Mélissa l'impression de ne servir à rien. Et cela d'autant plus que communiquer sur le plan intime n'est vraiment pas le fort de Patrick, car ces conversations lui paraissent totalement inutiles. Il est là, il est fidèle et loyal ; de quoi donc Mélissa se plaint-elle ?

Quant à Théo et Léa, ses enfants, ils trouvent leur père un peu bizarre. En effet, lorsqu'il prend la peine de leur consacrer un peu de son temps, il peut soudainement les laisser en plan pour aller travailler dans son bureau, sans donner la moindre explication, comme si une mouche l'avait piqué. Par ailleurs, c'est un père plutôt gentil, mais il est très distant et parfois très maladroit. Il est dans l'incapacité de comprendre les méandres affectifs et psychologiques dans lesquels erre son entourage proche.

Décodage

Vous l'avez sans doute compris, **ce qu'aime avant tout le solitaire, c'est être seul.** Seul avec son univers intérieur. Il faut lui reconnaître que c'est un univers souvent riche et fécond, et c'est peut-être la raison pour laquelle il est à lui-même la meilleure compagnie possible. Il ne s'ennuie jamais lorsqu'il est seul.

En revanche, **l'ennui, il le connaît souvent en compagnie des autres.** C'est pourquoi il n'a pas d'amis ou très peu. C'est aussi pourquoi **il ne se lie pas facilement**. De fait, la personnalité solitaire se suffit à elle-même et n'a pas vraiment besoin des autres, et cela est d'autant plus marqué que, depuis tout petit, il est autonome, s'organise tout seul et ne rend de compte à personne, du moins spontanément. Car, au fond, **l'opinion d'autrui lui est indifférente**. Les compliments que l'on peut lui adresser ne le font pas fondre de plaisir et de contentement. Quant aux critiques, elles le laissent apparemment de marbre. Il sait pertinemment ce qu'il fait et il est capable de s'évaluer tout seul et de poursuivre ses objectifs sans l'aide de personne. Qu'importe les autres et leurs avis ; il est tellement différent ! **Et il s'assume totalement dans cette différence qui, au fond, lui plaît bien.**

Il a d'ailleurs **du mal à comprendre les autres**. Leur comportement, leurs réactions, leur manière de concevoir le monde le déconcertent. Les autres sont pour lui réellement incompréhensibles, imprévisibles et, pour toutes ces raisons, vraiment très fatigants. C'est pourquoi **il limite les contacts autant que faire se peut et refuse les contraintes sociales** : il est tellement mieux dans son univers !

Au fond, le solitaire souhaiterait que le monde soit habité par des personnes qui lui ressemblent et avec lesquelles, au moins, les relations seraient simples, car allant à l'essentiel. Il souffre, car il est incapable de changer le monde qu'il trouve très médiocre et de pactiser sereinement avec celui-ci.

Tout le monde lui reconnaît une **très grande autonomie, du talent, des compétences**, que ce soit dans le domaine du travail ou même, et cela est surprenant, dans la sphère familiale : il peut être un père très investi auprès de ses enfants et très attentionné auprès de sa femme... quand il le veut ! Personne n'a à le porter, il s'organise parfaitement bien. Mais, partout, ceux qui l'entourent se posent la même question : « *Qui suis-je pour lui ? Quelle est mon utilité ? Me comprend-il ?* »

À NOTER

Patrick est représentatif de ces personnes solitaires que l'on nomme aussi « schizoïdes ». Ne vous méprenez pas sur ce terme : ils ne sont pas schizophrènes et ne sont donc pas atteints de maladie mentale. Ils sont simplement névrosés (de par leur manque d'intérêt pour les relations sociales, leur incapacité à exprimer les émotions et leur manque d'empathie), névrosés comme tout le monde, comme vous, votre voisin et moi-même. Cela fait partie de notre humanité : nous sommes tous déchirés par des conflits internes entre nos désirs et nos peurs. Simplement, la plupart d'entre nous l'ignorent tandis que certains ont appris à les connaître et à vivre, à composer avec ces conflits.
Nous en resterons donc au qualificatif de « solitaire », qui a le mérite de n'effrayer personne et de ne pas faire « psychoter » inutilement.

D'où vient-elle ?

Il semble que la personnalité solitaire **germe sur un terrain inné* favorable à son développement**. Mais, une fois encore, le rôle des parents sera déterminant dès la toute petite enfance.

* On appelle « terrain inné » un terrain psychologique contenant déjà, par la chaîne ADN, des traits de caractère, des capacités en germe qui, selon les circonstances (éducation, événements de l'enfance), se manifesteront ou pas.

Un monde extérieur trop peu enrichissant

La relation entre la mère et son bébé, dès les premiers moments de leur rencontre, peut être déterminante. En effet, une **mère peu empathique, peu fusionnelle avec son enfant dans les premiers mois de la vie**, peut avoir une incidence sur le développement de ce germe qui préexiste. N'ayant reçu ni tendresse excessive (c'est le moins que l'on puisse dire) ni marque d'empathie, l'enfant ne connaîtra de la relation à l'autre que le côté froid, rationnel. Il va donc se construire avec ce déficit et développer, très tôt, une capacité étonnante à s'occuper de lui-même indépendamment d'autrui. De fait, il aura été **conditionné pour se passer des autres** et aura, très vite, appris qu'il ne peut compter que sur lui-même.

Quand l'univers extérieur est si peu enrichissant, pour pouvoir grandir et se structurer malgré tout, il est **peut-être nécessaire de se construire un univers intérieur qui soit satisfaisant**. Cela apaise la déception que génère le monde extérieur.

Comment reconnaître l'enfant solitaire ?

L'enfant solitaire, c'est **l'enfant qui ne dérange pas ses parents, qui ne supporte pas le bruit et la promiscuité de la crèche, qui, à l'école, se met dans son coin pour être tranquille et au calme**. C'est l'enfant que ses camarades indiffèrent. C'est l'enfant qui, s'il écoute de temps en temps le professeur, dès qu'il s'ennuie, s'évade dans son monde intérieur et que le professeur doit rappeler patiemment à la présence, faire descendre de ce nuage sur lequel il est confortablement installé et où il peut faire œuvre de créateur, car il a une **imagination débordante et très souvent un grand sens artistique**. Il trouve des solutions originales aux problèmes qu'il rencontre et **il est très conscient de cette originalité qui le distingue**, le différencie des autres.

LA CURIOSITÉ POUR LE MONDE, ÇA SE TRAVAILLE

Patrick est une personnalité solitaire « réussie ». Ce n'est, hélas, pas le cas de tous les enfants dotés de cette personnalité. Il est ainsi tout à fait possible que l'enfant solitaire ne s'intéresse à rien du tout, n'éprouve aucune passion et soit apathique et rêveur, et sans créativité aucune dans ce cas. Parfois, les parents passent à côté et ne voient pas le danger dans lequel se trouve leur enfant. Ce manque d'intérêt, de curiosité devrait pourtant les alarmer. Ne pas vouloir regarder en face le problème qu'il rencontre, c'est, d'une certaine façon, le condamner à stagner dans ses rêves, à être perpétuellement déçu et inadapté.

Ils pourraient se demander pourquoi leur enfant ne manifeste aucune curiosité pour quoi que ce soit, aller voir un spécialiste de l'enfance pour essayer de comprendre ce qui se passe, ou bien plus simplement prendre en considération le fait que la curiosité, ça se « titille ». Prendre l'enfant par la main et l'amener, parce qu'on s'y intéresse soi-même, à s'intéresser à ce qui l'entoure, à ce qu'il vit, à ce qu'il expérimente et exprimer en retour le plaisir que l'on éprouve à le voir participer pleinement à la vie ne peut que l'aider. Ces personnalités solitaires apathiques ont besoin d'être stimulées.

C'est à l'adolescence que les traits de personnalité deviennent plus saillants et que parents, amis, professeurs réalisent pleinement qu'un solitaire est là. En effet, l'adolescence est le moment où se mettent en place les traits de personnalité qui seront les nôtres une fois adultes. Cela se fait dans un apparent désordre, dans une turbulence interne intempestive parfois. C'est le moment où Patrick affiche clairement son caractère solitaire et en tire une certaine satisfaction : il n'est pas comme les autres.

À NOTER

Il ne faut pas oublier que, sous l'écorce de l'indifférence aux autres ou de l'apathie, se cachent des émotions qui sont ressenties comme confuses et dont il est par conséquent très difficile de parler. Lui permettre de mettre des mots sur ce brouillard peut aider l'enfant à sortir d'une maladresse relationnelle qui lui renvoie l'image de sa médiocrité. Ce qui le blesse profondément. Car la personnalité solitaire est hypersensible. Ce n'est pas un hasard si, parmi les solitaires, nous trouvons beaucoup d'artistes, de créateurs.

Comment souffre-t-elle ?

Car oui, les personnalités solitaires souffrent, c'est certain. Patrick et les autres solitaires ne comprennent pas pourquoi ils ne peuvent trouver de plaisir dans la relation avec autrui. **Cela les frustre et renvoie d'eux une image extrêmement négative.** Ils se rendent bien compte que leur égalité d'humeur et leur manque d'empathie creusent un fossé entre eux et les autres.

Le solitaire souffre de se croire désespérément banal

Même lorsqu'ils ont du succès, même lorsqu'ils sont reconnus, **ils ont l'impression d'être vides** et cela s'explique assez facilement dans la mesure où les replis qu'ils opèrent dans leur univers personnel ne sont pas toujours « valorisants ». En effet, tous les solitaires n'ont pas la chance de pouvoir fuir le monde en jouant une partition de Bach ou de s'immerger dans le travail dans le but de faire une grande découverte en astrophysique !

Ainsi, la plupart du temps, **le solitaire s'évade dans des activités qui ne renvoient pas de lui une image très positive.** Quand on a passé plusieurs heures à jouer, justement, au solitaire sur son ordinateur, on a vraiment le sentiment d'avoir perdu son temps et d'agir comme un être décérébré. Cette prise de conscience est désespérante et ne peut que rendre très malheureux. Et c'est, hélas, le lot commun de la plupart des solitaires qui n'ont pas la chance d'être animés, portés par une passion.

Cette souffrance est d'autant plus forte que le solitaire se sent omnipotent, qu'il est animé d'un sentiment de puissance et que ses ressentis se heurtent à la dure réalité qui lui renvoie **l'image d'un homme ou d'une femme banal(e) menant une vie tout aussi banale**. Ce sentiment de vide, de banalité, d'insignifiance, le solitaire le ressent même lorsque, étranger aux normes et aux conventions, il se comporte d'une façon atypique, originale. Le problème fondamental du solitaire est qu'**il ne se sent pas exister, ou si peu**. Il se perçoit sans contours définis, sans personnalité spécifique.

Pas si indifférent que cela...

Ce mal-être est exacerbé par le **caractère délicat et hypersensible** du solitaire. En effet, contrairement à ce qu'il laisse paraître, le solitaire est réceptif au monde extérieur. Les guerres, les cataclysmes, les injustices ne le laissent absolument pas indifférent. Et lui qui est si posé, si pondéré, peut avoir des prises de position très déconcertantes, passer de l'altruisme le plus grand au manque total de moralité – du moins en paroles ! – et faire preuve d'un extrême radicalisme.

Mais ne nous y trompons pas : ces revirements de personnalité sont le signe du **déchirement qu'il ressent entre son monde intérieur et le monde extérieur qu'il ne comprend pas**, et de la souffrance psychique qui en résulte.

À NOTER

D'ailleurs, ne prenons pas son indifférence pour argent comptant : en effet, il est curieux des autres, mais il méconnaît les codes qui lui permettraient de réellement communiquer avec eux.

Une incapacité douloureuse à communiquer

À cette difficulté s'en ajoute une seconde, et pas des moindres : il éprouve le **sentiment profond de n'avoir rien d'intéressant à dire** ou bien, s'il a une marotte, un centre d'intérêt, une passion, il est convaincu de ne savoir parler que de cela. Cela lui est d'autant plus douloureux qu'**il aimerait, lui aussi, être aimé, apprécié.** Comme il ne parvient pas à se connecter aux autres, mis à part ses parents au premier degré, il lui est difficile de satisfaire ses envies. Ce n'est qu'avec eux qu'il est capable de fusion, de confidence, d'épanchement. Comme vous le voyez, cela fait très peu de personnes...

Déconnecté de ses sentiments et de ses émotions, **il est dans l'incapacité de pouvoir les exprimer** et se protège, inconsciemment, de son hypersensibilité en gardant à distance les personnes qu'il aime, car toute frustration lui est insupportable ; par conséquent, **afin de souffrir moins, mieux vaut feindre l'indifférence**.

Alors oui, compte tenu de tout ce que nous venons de voir, il est exact de dire qu'il est difficile de vivre avec une personnalité solitaire.

Comment nous fait-elle souffrir ?

Froideur, tristesse, apathie : un quotidien peu engageant

Le solitaire nous fait souffrir en nous donnant le **sentiment de fuir l'intimité**. Et comme, de surcroît, la sexualité ne l'attire pas vraiment et lui procure peu de plaisir, **il paraît froid et distant**. Ce qu'il n'est absolument pas, dans le fond, mais au sein du couple, souvent, on croit plus au comportement qu'au moteur qui l'anime. D'où des **relations de couple souvent difficiles**, surtout si le ou la compagne est un dépendant affectif.

Le **manque d'humour** de la personnalité solitaire est source de frustration pour les amis et les proches. Pour lui, tout est sérieux, tout est à prendre au premier degré, et cela peut être source de conflits pour peu que le partenaire soit, quant à lui, pourvu d'humour.

Émane de sa présence un sentiment de grisaille, de tristesse bien souvent, car il est **d'humeur constante et plutôt neutre, terne**. Il en a conscience, le regrette infiniment, mais ne sait comment faire pour se parer de couleurs plus chatoyantes. Et cela lui est d'autant plus difficile que le solitaire se prend souvent trop au sérieux et ne dispose pas de cette légèreté qui met tant de lumière dans le quotidien.

Le solitaire n'est pas non plus la personne à qui nous allons pouvoir raconter nos malheurs : **son manque d'empathie nous glace et nous renvoie à notre propre solitude**. Il peut même apparaître **froid et cruel**. Quel que soit le contexte, professionnel ou intime, cette attitude fait toujours mal. Dans le couple, il déçoit et peut être la source de ressentiments. À tout le moins d'un profond sentiment de solitude.

Un isolement qui contamine toute la famille

Son goût de la solitude **limite d'ailleurs fortement les partages de la vie de famille** : il est, par excellence, le père absent avec lequel les enfants n'ont de relations que fonctionnelles, occasionnelles. Avec lui, les relations affectives sont pauvres. Il est dans l'incapacité de protéger tant sa compagne que ses enfants car, pour pouvoir protéger, il faut avoir la conviction d'exister vraiment, et la personnalité solitaire en est dépourvue.

Dès qu'il lui est possible de s'esquiver, il le fait. Partout. Aussi donne-t-il aux autres le sentiment que, vraiment, ils ne comptent pas et n'ont aucune importance à ses yeux.

Dans les contacts sociaux, qu'il ressent souvent comme imposés, il se fatigue et met la compagne ou le compagnon dans une situation difficile. D'une part, parce que le partenaire a naturellement besoin de contacts avec le monde extérieur et, d'autre part, parce qu'il ou elle se rend bien compte que son conjoint solitaire s'y épuise, qu'il perd son énergie. Cette situation peut facilement faire culpabiliser et amener la compagne ou le compagnon du solitaire à opter malgré lui pour le repli dans le couple, la famille, afin de protéger le solitaire. Cette attitude conduit, vous vous en doutez bien, à un **isolement mortifère et pénalisant pour tout le monde**.

Gare aux tensions dans le travail !

Sur le plan professionnel, si le solitaire n'a pas la chance d'exercer un métier, précisément, solitaire et/ou s'il n'a pas de passion particulière, il sera un **collègue récalcitrant**, capable de refuser de participer à une réunion, de mettre parfois très mal à l'aise ses collègues en raison d'une attitude qu'ils percevront comme méprisante, capable d'être insolent, mais **incapable de respecter et de se plier aux codes sociaux.** Cette personnalité peut, car elle n'est absolument pas timide, créer un réel état de tension au sein de son service, si elle le veut et si elle est convaincue que cela va lui permettre de retrouver sa chère solitude.

DES NORMES SOCIALES QU'IL NE COMPREND PAS

Il peut même arriver qu'en société, avec des amis par exemple, le solitaire pose problème. En effet, lui d'habitude si pondéré, si neutre, si impassible, peut tout à fait se comporter soudainement d'une façon inattendue, inadéquate, et transgresser les codes sociaux. Vous allez alors vivre un grand moment de solitude et de honte, et vous vous demanderez : « *Comment peut-il agir comme cela ? Être aussi arrogant, lui qui est plutôt gentil, qui aide facilement si on le lui demande ?* » Il arrive en fait un moment où la fréquentation du monde extérieur lui devient insupportable : il craque. Subitement. Sans prévenir.

Vous ne le reconnaissez pas et êtes très surpris de le voir aussi brutal dans ses affirmations, aussi peu respectueux d'autrui, aussi hermétique à leur sensibilité. Et si vous lui faites des reproches, il ne vous comprendra pas et, même, vous trouvera de mauvaise foi. Il vous dira que vous faites beaucoup d'histoires pour pas grand-chose. Comme il ignore les codes, puisqu'il est incapable de les décrypter, il est dans l'incapacité de comprendre la gêne que vous manifestez.

Vous le voyez, il est très difficile de vivre avec une personnalité solitaire, car on ne peut que se sentir seul et incompris, éprouver le sentiment de vivre avec une personne qui nous échappe la plupart de temps et à qui l'on n'apporte rien.

2

LES CLÉS POUR MIEUX GÉRER LES PERSONNALITÉS TOXIQUES ET NE PLUS EN SOUFFRIR

Nous connaissons et comprenons maintenant mieux les personnalités toxiques. Nous savons qu'elles souffrent et avons une vision plus nette de ce qu'elles nous font endurer. Cela nous aide à mieux les cerner, mais ce n'est pas suffisant.

En effet, nous devons vivre avec elles et elles nous sont plus ou moins proches, font partie de notre environnement immédiat, voire de notre sphère intime. Or, il n'est pas question de subir ou de nous résigner.

Cette seconde partie a donc pour ambition de vous faciliter la relation avec cet autre, ces autres qui vous empoisonnent la vie et auxquels, pourtant, vous tenez, ou du moins que vous ne pouvez éviter.

Nous verrons, dans un premier temps, comment agir sur ce que vous pouvez réellement contrôler, à savoir vous-même : comprendre vos émotions et réactions, apprendre à les canaliser, cultiver votre empathie et votre joie de vivre, ne pas vous laisser séduire ni tyranniser, respecter vos valeurs essentielles… En somme, vous allez découvrir tous les leviers sur lesquels vous avez un réel pouvoir : les vôtres !

Puis, nous découvrirons comment mieux réagir face aux personnalités toxiques de manière à ne pas exacerber leurs névroses, à mieux communiquer avec elles, à diminuer leur souffrance, à les respecter sans vous oublier vous-même – toutes les clés pour éviter les maladresses et faire un pas bienveillant vers l'autre pour des relations plus sereines.

Un vaste programme pour fréquenter au quotidien les personnalités toxiques sans souffrir, dans le respect de l'autre et de vous-même !

Chapitre 1

Les personnalités toxiques en résumé

Dans la suite de notre ouvrage, nous allons vous donner des pistes pour mieux agir et réagir face aux personnalités toxiques que vous côtoyez quotidiennement.

Régulièrement, afin d'illustrer notre propos, nous reviendrons sur les différents cas de figure présentés en première partie : Priscilla la narcissique, Corinne l'anxieuse, Patrick le solitaire, Francis l'histrionique, Yann l'hyperstressé...

Afin de bien garder en mémoire les traits caractéristiques de chaque personnalité et de vous éviter ainsi des allers-retours incessants entre les différentes parties du livre, **voici 10 cartes d'identité qui résument les traits caractéristiques des personnalités abordées dans cet ouvrage**.

N'hésitez pas à revenir régulièrement sur cette page pour vous rafraîchir la mémoire et, à terme, savoir les reconnaître au premier coup d'œil !

À NOTER

Dans les chapitres qui suivent, chaque fois que nous citerons un cas de figure, un rappel de page vous permettra de retrouver facilement cette rubrique.

PRISCILLA, LA NARCISSIQUE

(Voir « La personnalité narcissique », p. 22.)

Comment se comporte-t-elle ?

› Dans la séduction permanente, recherche l'admiration des autres.
› Sûre d'elle, prétentieuse, se croit au-dessus de tout le monde.
› Hypercompétitivité, rivalité, jalousie.
› Mensonges, manipulation.
› Dénigre, méprise les autres.
› Très susceptible.
› Très exigeante, contrôle les autres.
› Relations intéressées, sentiments superficiels.

Comment souffre-t-elle ?

› Grand manque de confiance en soi, doute d'elle-même.
› Dépendante de l'admiration d'autrui.
› Ne supporte pas le rejet.
› Vit mal la critique, le désaccord, l'échec.
› Grande frustration.
› Accumule les ruptures douloureuses.
› Incapacité à aimer.

FRANCIS, L'HISTRIONIQUE

(Voir « La personnalité histrionique », p. 36.)

Comment se comporte-t-il ?

- Se donne en spectacle, se met en scène de façon exagérée.
- Recherche l'admiration des autres.
- Préoccupé par son corps, son apparence, sa santé ; égocentré.
- Mythomane.
- Incapacité à évoluer, à reconnaître ses erreurs.
- Méprise les codes sociaux, la bienséance.
- Se moque des autres.
- Comportement instable.
- Émotivité excessive.
- Se met facilement en danger, recherche les sensations fortes.
- Immature, incapable de se concentrer.

Comment souffre-t-il ?

- Grande fragilité.
- Forte dépendance aux autres.
- Se trouve sans valeur, sans intérêt.
- Besoins exigeants, grande frustration.
- Pleurs, colères, crises de nerfs, crises d'angoisse, tentatives de suicide.
- Accumule les ruptures, sentiment d'abandon.

MAGALI, LA DÉPENDANTE

(Voir « La personnalité dépendante », p. 49.)

Comment se comporte-t-elle ?

› Très sociable (grand besoin des autres).
› Prête à tout pour être acceptée.
› Arrangeante, effacée.
› Fidèle, altruiste, toujours prête à rendre service.
› Enchaîne les relations vouées à l'échec.
› Incapacité à prendre des décisions seule.
› Évite la solitude par tous les moyens.
› Exigences irréalistes.

Comment souffre-t-elle ?

› Profond manque de confiance en soi.
› Se sent inférieure à tout le monde.
› Très mauvaise image d'elle-même.
› Grande vulnérabilité.
› Crises de jalousie par peur de l'abandon.
› Accepte les relations toxiques ou destructrices ; grande peur de la solitude.
› Doute des sentiments des autres.
› Incapacité à s'affirmer, s'assumer.

JULES/ERNEST,
LE PASSIF-AGRESSIF

(Voir « La personnalité passive-agressive », p. 60.)

Comment se comporte-t-il ?

- Inertie, obstruction, immobilisme.
- Apathie, indifférence.
- Mutisme, caractère secret.
- Ne supporte pas l'autorité, la hiérarchie.
- Passivité.
- Fuit les liens, refus de l'engagement dans tous les domaines.
- Non-dits, conflits permanents.
- Se pose en victime, rend les autres responsables de tout.
- Hypocrisie.
- Instabilité.

Comment souffre-t-il ?

- Profond manque de confiance en soi.
- Impossibilité d'être soi, d'exprimer qui il est.
- Incapacité à définir ses vrais désirs.
- Coupé de ses émotions, incapacité à les exprimer.
- Angoisse d'être et de vivre.
- Colère sourde, frustrations non exprimées.
- Grande vulnérabilité.

HÉLÈNE, LA SENSITIVE

(Voir « La personnalité sensitive », p. 72.)

Comment se comporte-t-elle ?

- Voit et redoute le mal partout ; très méfiante.
- Très sensible, pleure beaucoup.
- Difficultés relationnelles ; évite de s'attacher, fuit les liens.
- Se pose en victime.
- Immaturité.
- Se décourage facilement.
- Se dénigre constamment.
- Fond dépressif.
- Hyper-susceptibilité, aucun humour.

Comment souffre-t-elle ?

- Doute de ses capacités et qualités ; manque d'estime d'elle-même.
- Sentiment de grande vulnérabilité.
- Sentiment de solitude, peu de liens sociaux.
- A l'impression de ne pas être comprise.
- Grande fragilité émotionnelle.
- Profond sentiment d'injustice.

ALEXANDRE, LE PARANOÏDE

(Voir « La personnalité paranoïde », p. 75.)

Comment se comporte-t-il ?

› Méfiance extrême, perçoit le monde comme hostile.
› Hyper-susceptibilité, aucun humour.
› Difficulté à nouer des relations.
› Psychorigide, à cheval sur les principes et les règles.
› Procédurier.
› Grande capacité de travail.
› Très rationnel, fait preuve d'une grande logique, difficile à contredire.
› Contrôle, espionne, commande son entourage.
› Scènes et disputes régulières.
› Violent verbalement, voire physiquement.

Comment souffre-t-il ?

› Peur d'exprimer ses sentiments.
› Incapacité à se détendre, à entretenir des relations agréables.
› Se sent constamment en danger, menacé.
› Peur d'être affaibli, détruit.
› Peur de perdre le contrôle.

CORINNE, L'ANXIEUSE

(Voir « La personnalité anxieuse », p. 82.)

Comment se comporte-t-elle ?

- Incertitude permanente.
- Anticipation anxieuse.
- Obsession du contrôle.
- Perfectionnisme exacerbé.
- Envisage toujours le pire, voit de la menace partout.

Comment souffre-t-elle ?

- Vit constamment dans l'anxiété et l'angoisse.
- Incapacité à profiter du moment présent.
- Ressent une grande pression.
- Somatise beaucoup.
- Grande fatigue.

YANN, L'HYPERSTRESSÉ

(Voir « La personnalité hyperstressée », p. 87.)

Comment se comporte-t-il ?

- Hyperactivité.
- Lutte contre le temps ; impatience extrême.
- Hypercompétitivité, recherche la reconnaissance.
- Colères disproportionnées ; se calme très vite.
- Immaturité.
- Susceptible, irascible.
- Critiques blessantes, sarcasmes.
- Odieux, injurieux, humiliant, méprisant.
- Tendance à l'exagération.
- Esprit vif et brillant.

Comment souffre-t-il ?

- Sous tension permanente.
- Incapacité à être dans l'instant, à ralentir le rythme.
- Angoisse latente.
- Grande peur du vide, de l'inaction.
- Épuisement physique, mise en danger de sa santé.
- Grand manque de confiance en lui.

LUCAS, L'ÉVITANT

(Voir « La personnalité évitante », p. 97.)

Comment se comporte-t-il ?

- Se met en retrait des autres.
- Évite les conflits, la confrontation.
- Très discret, transparent ; conformiste.
- Maladroit.
- Consensuel.
- N'exprime pas ce qu'il pense.
- Vit dans la routine.
- Besoin d'être rassuré en permanence.
- Fait preuve d'une grande politesse.
- Ne prend aucune initiative, immobilisme.

Comment souffre-t-il ?

- Aucune confiance en lui, faible estime de lui.
- Se sent souvent mal à l'aise.
- Difficulté à nouer des liens.
- Se fait des ennemis sans le vouloir.
- Peur pathologique du rejet.
- S'auto-limite.
- Doute de ses capacités.
- Souffre d'anxiété.

PATRICK, LE SOLITAIRE

(Voir « La personnalité solitaire », p. 103.)

Comment se comporte-t-il ?

- Recherche la solitude et l'apprécie.
- Mutisme.
- S'ennuie avec les autres ; pas ou peu d'amis.
- Très autonome.
- Ne suit pas les conventions ou codes sociaux.
- Prises de position soudaines et violentes.
- Indifférence.
- Froid, distant, fuit l'intimité.
- Manque d'humour, se prend trop au sérieux.
- D'humeur constante et neutre.

Comment souffre-t-il ?

- Image de soi très négative.
- Frustration.
- Ne trouve aucun plaisir dans la relation à autrui.
- Impression d'être vide, banal, inintéressant.
- Hypersensible.
- Ressent un déchirement entre son monde intérieur et le monde extérieur.
- Déconnecté des autres.
- Déconnecté de ses émotions.

Chapitre 2

Les clés pour mieux agir avec nous-mêmes

Ce qu'il y a de dérangeant, dans les rapports avec autrui, c'est que cela nous met face à nos propres failles et à notre profonde vulnérabilité. L'autre, quand il n'entre pas dans ce que j'appelle « la zone neutre » (celle que vous pouvez supporter parce qu'elle ne vous met pas en danger) a, de fait, un énorme pouvoir sur vous. Alors, bien sûr, quand nous sommes en relation avec ces petits loups que sont les personnalités toxiques, l'enfer, c'est l'autre. Ah ! Ce talent qu'ont les personnalités toxiques à faire naître en nous des émotions qui, souvent, nous dépassent et nous poussent à réagir, voire à surréagir.

La bonne nouvelle, c'est que nous y pouvons quelque chose ! Nous ne pouvons pas changer l'autre à sa place, ni couper systématiquement les ponts dès que tout ne se passe pas exactement comme nous le souhaiterions... mais nous possédons, nous aussi, un pouvoir, et de taille : nous pouvons agir sur nous-mêmes pour canaliser nos émotions et modifier nos manières d'y réagir.

COMMENÇONS PAR VOIR NOS PROPRES DÉFAUTS

L'image que nous avons de nous-mêmes n'est pas toujours exacte. Nous aimerions tous être (presque) parfaits et sommes souvent victimes de nos idéaux, surtout à notre sujet, qui courent devant nous sans que nous ne puissions jamais les rattraper.

Mais ce ne sont que des idéaux ! Les personnalités toxiques ont, certes, des faiblesses visibles parce qu'elles se manifestent souvent de manière plus exacerbée que nous, voire disproportionnée ; mais cela ne signifie pas pour autant que nous en soyons totalement dépourvus nous-mêmes.

Voilà le premier constat qu'il nous faut prendre en considération : **nous avons, nous aussi, des « défauts »**. Car s'il est vrai que nous avons une réelle aptitude à déceler ce qui cloche chez l'autre, il n'en est pas tout à fait de même en ce qui nous concerne personnellement.

Les défauts des autres nous arrangent bien, quelque part, car nous focalisons notre attention dessus plutôt que de mettre le nez sur nos propres faiblesses. Prendre conscience de ses défauts est un exercice douloureux, car nous sommes le jouet du conflit intérieur entre nos désirs et nos peurs, entre ce que nous aimerions être et qui nous sommes réellement, entre ce que nous acceptons de montrer au monde et ce que nous maintenons bien tapi à l'intérieur.

À NOTER

Les « défauts » sont souvent un jugement de valeur, donc subjectif : ce que vous considérez, vous, comme un défaut ne l'est peut-être pas pour votre voisin de gauche, ou n'est pas aussi grave pour votre voisine de droite. Soyez bienveillant avec les « défauts », qu'il s'agisse des vôtres ou de ceux d'autrui : il ne s'agit jamais, finalement, que de votre propre vision de la réalité.

Pourtant, c'est en reconnaissant que nous avons, nous aussi, notre part d'ombre, que nous avons, nous aussi, nos « défauts », nos difficultés, notre vulnérabilité, nos peurs, nos faiblesses, **c'est en admettant que ce qui nous agace chez l'autre est bien souvent le reflet de ce que nous avons aussi en nous, à des degrés divers, que nous serons plus enclins à accepter l'autre tel qu'il est** – et c'est le premier pas vers des relations plus épanouies avec autrui, et notamment avec ces personnalités toxiques qui nous irritent tant au quotidien.

Exercice

Et si vous dressiez la liste de vos « défauts », faiblesses, failles ? Sans vous juger, en toute bienveillance, dans l'accueil de qui vous êtes – il n'est pas question ici de dire que vous seriez quelqu'un de « mauvais », mais simplement de prendre conscience que vous n'êtes pas, vous non plus, tout blanc ou tout noir, et que c'est ce qui constitue votre humanité.

❯ Listez (comme les idées vous viennent, sans ordre) les « défauts » ou faiblesses que vous vous reconnaissez, quels qu'ils soient, des plus infimes aux plus pénibles pour vous *(par exemple : je suis impatient, susceptible, trop exigeant, jaloux, tête en l'air, etc.) :*

....

....

....

› ***Listez maintenant les « défauts » ou faiblesses qui vous agacent chez les personnalités toxiques que vous côtoyez ET que vous reconnaissez avoir vous-même, tout ou en partie*** *(par exemple, je ne supporte pas le narcissisme de Priscilla –* *voir p. 118* *– mais je fais moi-même preuve parfois de supériorité orgueilleuse dans le cadre de mon travail)* **:**

....

....

....

NOUS SURRÉAGISSONS : POURQUOI ?

Les personnalités toxiques que vous fréquentez au quotidien vous agacent, vous horripilent, même ; vous y êtes très réactif. **Mais pourquoi réagissez-vous ainsi ?** Qu'est-ce qui vous dérange ? Pourquoi vous sentir irrité par un comportement alors qu'il vous arrive sans doute de l'adopter vous-même face à un événement que vous ne contrôlez pas ou mal ? Si vous y regardez de plus près, le comportement de la personnalité toxique en agace peut-être d'autres comme vous, mais n'agace pas forcément tout le monde. Or, si vous réagissez tous de diverses manières à un même comportement, c'est bien la preuve que **votre agacement ne tient pas tant à ce comportement… qu'aux émotions qu'il provoque en vous.** Votre réaction est donc *subjective.*

Vous ne réagiriez pas (ou moins vivement) si cela n'activait pas quelque chose en vous. Si nous souffrons dans l'entourage des personnalités toxiques, c'est peut-être en partie parce que cela résonne en nous d'une manière bien plus familière que nous ne voudrions l'admettre.

Premièrement, comme nous l'avons vu plus haut, tout comme ces personnalités, vous pouvez vous aussi avoir des réactions disproportionnées, celles précisément que vous leur reprochez. Simplement, chez vous, c'est moins fréquent, et peut-être un peu moins démesuré, moins visible. Mais lorsqu'elles ont ces réactions, cela agit sur vous **comme le reflet d'un miroir dans lequel vous n'avez pas envie de vous regarder**. Cela vous renvoie une image de vous qui ne vous plaît pas, et ça vous est désagréable.

Cela peut également réactiver des anciennes blessures, un vécu non digéré, des expériences négatives avec d'autres personnes qui vous ont particulièrement marqué.

Il s'agit donc, pour chaque personnalité toxique qui provoque en vous des sentiments négatifs, quels qu'ils soient, de commencer par comprendre votre propre réaction. S'interroger ainsi sur ce qui peut apparaître toxique chez l'autre et qui réveille en nous un écho est **un bon moyen de faire le point sur soi-même et de mieux comprendre ses réactions – ce qui peut même, parfois, suffire à les désamorcer**.

Exercice

Voici les 3 étapes pour prendre conscience, identifier et canaliser les émotions négatives que génèrent en vous les personnalités toxiques :

① ***Prenez conscience de ce que vous ressentez face à la personnalité toxique.***

Pour cela, votre corps est un bon indicateur tout prêt à vous aider ! Soyez donc attentif aux changements physiologiques que vous percevez en vous : votre gorge qui se serre, l'augmentation de votre rythme cardiaque, vos mains moites, un nœud au ventre, de légers tremblements, une respiration plus courte, vos joues qui deviennent rouges, etc. Tous ces « symptômes » sont des messages d'alerte de votre corps qui vous indique que quelque chose ne va pas, et c'est généralement le signe d'une émotion négative qui vous traverse.

② ***Identifiez et nommez l'émotion ressentie.***

Si possible, prenez quelques minutes pour vous isoler (ou revenez mentalement sur l'événement plus tard dans la journée) et sondez-vous : quelle émotion négative avez-vous ressentie précisément ? De l'agacement, de l'irritation, de la colère, de la tristesse, de la lassitude, de l'inquiétude, de l'anxiété, de l'angoisse, de la honte, etc. ? Vous êtes-vous senti blessé, énervé, attaqué, agressé, méprisé, rejeté, abandonné... ?

③ ***Prenez le temps de calmer l'émotion négative identifiée.***

(Plus vous pratiquerez cet exercice rapidement après l'événement déclencheur, mieux vous calmerez l'émotion et moins vous risquerez de la cristalliser sur le long terme.)

Pour ce faire, respirez lentement en gonflant votre ventre sur l'inspiration (durant 3 secondes) et en le vidant sur l'expiration (durant 3 secondes) – veillez à marquer une pause d'une seconde, entre l'inspiration et l'expiration, en retenant l'air. Ce petit exercice vous oblige à revenir vers votre corps, donc vers vous, et à vous « défocaliser » de la personnalité toxique qui vous empoisonne présentement. Il a la vertu de vous calmer et de vous permettre, ensuite, de reconsidérer la situation avec plus d'objectivité, moins d'émotionnel, plus de calme.

PRENONS LA RESPONSABILITÉ DE NOS RÉACTIONS ÉMOTIONNELLES

Le problème, comme nous l'avons vu, c'est que vous n'avez pas vraiment prise sur l'autre et qu'il n'agira jamais totalement comme vous le souhaitez. **La seule chose sur laquelle vous pouvez agir, c'est** votre réaction à son comportement. Vous n'êtes pas responsable de ce que l'autre dit ou fait ; vous n'êtes pas non plus responsable de vos émotions ni de vos sentiments ; en revanche, c'est *vous* qui décidez de la façon dont vous allez y réagir.

Et vous pouvez mettre en œuvre de nombreuses choses pour apprendre à modifier positivement vos réactions à l'égard des personnalités toxiques. En réagissant mieux – pour vous comme pour l'autre –, vous semez un terrain favorable à l'apaisement des relations, parce qu'en changeant, vous induirez un changement dans le bon sens.

Désamorcez vos émotions négatives

Voici donc quelques conseils pour **désamorcer vos émotions négatives** quand vous sentez qu'elles prennent le dessus :

- sortez faire un tour, marchez un peu (voire, pour les adeptes, allez courir 10-15 minutes pour libérer la surcharge émotionnelle et sécréter des endorphines, l'hormone antistress et anti-tension par excellence) ;
- isolez-vous quelques instants pour vous vous sortir de la situation qui génère ces émotions et les laisser redescendre ;
- pratiquez la respiration ventrale profonde durant quelques minutes (voir exercice précédent) ;
- allez boire un grand verre d'eau, ce qui vous permet également de vous éclipser quelques instants ;

- fermez les yeux et concentrez-vous sur des pensées agréables : un projet de voyage, une passion qui vous met en joie, la perspective d'une bonne soirée, le sourire de votre enfant, le bon week-end que vous venez de passer, un agréable moment que vous avez vécu aujourd'hui, etc. ;
- installez-vous dans un endroit calme, si possible un lieu apaisant ou agréable pour vous, et écoutez une musique que vous aimez particulièrement, qui provoque des émotions positives en vous – et, pourquoi pas, dansez ! Cela libérera les tensions qui se sont accumulées suite à la confrontation.

Dans tous les cas, différez votre réponse ou votre réaction, prenez le temps de digérer votre état émotionnel et de l'apaiser. Vous avez la capacité de le réguler, ce qui n'est pas le cas de la personne que vous avez en face de vous.

À NOTER

Bien entendu, évitez de la planter là sans aucune explication ! Expliquez-lui calmement et sans jugement que vous avez besoin d'un petit moment pour vous, que vous reviendrez après afin de la rassurer et éviter qu'elle n'exacerbe plus encore son attitude de crainte d'être rejetée, abandonnée, critiquée ou autres angoisses.

Faites preuve d'empathie

L'empathie, c'est la **faculté intuitive de se mettre à la place d'autrui, de percevoir ce qu'il ressent, de porter un regard doux et bienveillant sur l'autre.** Nous sommes tous nés avec cette faculté, mais nous oublions simplement de l'entretenir. Le regard échangé entre la mère et l'enfant produit une empathie qui crée le lien entre eux. Il en est de même dans le regard que partagent un homme et son chien. Une hormone est alors sécrétée, l'ocytocine, hormone de l'attachement, qui a la faculté de **faire naître en nous un intérêt positif pour l'autre, quel qu'il soit**. Précieuse, elle sait franchir les barrières, les frontières, les différences et nous libère du racisme, de la peur de l'autre et de ce qui peut nous déstabiliser chez lui.

À NOTER

Attention, l'empathie, ce n'est pas la compassion : il ne s'agit pas de prendre sur nous les souffrances psychiques de l'autre – comment alors pourrions-nous avoir le recul nécessaire pour gérer au mieux la relation ? (Nous en parlerons en détail un peu plus loin.)

L'empathie, en somme, c'est **aller à la rencontre de l'autre sans s'oublier soi-même**.

Pour rencontrer l'autre par le biais de l'empathie, il faut pouvoir le faire d'une façon ouverte, c'est-à-dire **dans l'accueil de ce qu'est l'autre**, et lui donner une réponse émotionnelle en écho à sa propre émotion, tout en restant soi-même et en régulant ses propres réponses émotionnelles. Car, dans l'empathie, nous sommes capables de **faire la distinction entre nos propres émotions et celles d'autrui**.

Pour ce faire, il faut avoir conscience de ses propres émotions (c'est l'exercice que vous avez fait p. 133). Puis, sans perdre de vue ses émotions ni leur source, il est nécessaire de se décentrer un peu de soi-même et de faire l'effort de prendre en considération la perspective de l'autre, sans jugement, avec bienveillance et humanité.

En clair, nous mettons en sourdine notre point de vue afin de **nous donner les moyens de comprendre ce que vit l'autre à cet instant précis.**

À NOTER

L'empathie est également essentielle pour nous-mêmes car, en la pratiquant, nous en tirons deux bénéfices :

- En apprenant à faire preuve d'empathie pour autrui, nous apprenons à faire preuve d'empathie pour nous-mêmes ; or, c'est en reconnaissant et acceptant nos émotions et qui nous sommes que nous apprenons à reconnaître et accepter l'autre, et vice versa. C'est un cercle vertueux qui se nourrit lui-même.
- Lorsque nous nous entraînons à l'empathie envers l'autre, nous mettons en œuvre le processus de régulation de nos propres émotions. Nous devenons plus perspicaces et tolérants, savons les identifier et les respecter, et apprenons ainsi à mieux les canaliser sans les nier. Un outil indispensable pour devenir maître de nos réactions émotionnelles, premières responsables de nos réactions excessives ou inadaptées.

Mais attention : l'empathie est un **partage « mesuré » de l'émotion d'autrui.** Si j'insiste autant sur le côté mesuré, c'est qu'il nous faut éviter un excès d'empathie, celui-ci pouvant nous conduire à la compassion, voire à des symptômes d'identification hystérique. Gardez ce principe essentiel en tête : **dans l'empathie, l'autre reste l'autre et moi, je reste moi.**

L'EMPATHIE EST UTILE, LA COMPASSION EST NOCIVE

Si le cœur est bienveillant, il est parfois très difficile de rester dans le pur registre de l'empathie. L'empathie fait appel au cœur et à l'intelligence. Elle nous rappelle ceci : « Lui, c'est lui. Moi, c'est moi. Nous sommes deux personnes distinctes. Si je regarde cet autre avec bienveillance, je sais aussi que je ne peux l'aider que si je conserve cette bonne distance. Nous ne sommes pas dans le jugement, nous sommes dans l'altérité, c'est-à-dire la reconnaissance pleine et entière de cet autre, différent de moi, et que j'accueille. » J'accueille ; mais je ne me fonds pas avec l'autre.

Il faut donc faire la différence entre empathie et compassion. L'empathie permet de comprendre ce que ressent l'autre ; la compassion (qui signifie, étymologiquement, « souffrir avec ») est le fait de souffrir avec l'autre, quitte à se fondre en lui.

Ainsi, ce n'est pas parce que nous savons et que nous comprenons ce que ressent l'autre en face que nous devons prendre sur nous sa névrose et nous mettre à sa place. Une relation ne peut pas fonctionner harmonieusement de cette façon. À force de nous mettre à la place de l'autre, nous cautionnons son dysfonctionnement ; il n'a donc aucune raison, aucune motivation pour changer. Nous l'enfermons dans l'étau de sa névrose, avec le sentiment de bien faire. Si vous vous mettez à sa place, vous renforcerez l'autre dans sa névrose, quelle qu'elle soit.

Ainsi, il serait maladroit de surprotéger une personnalité anxieuse comme Corinne (voir p. 124) ou de conforter Alexandre, le paranoïde (voir p. 123), dans son obsession du contrôle, de l'encourager à passer de la bouderie à la colère, tout simplement parce que vous les comprenez et savez que c'est la façon qu'ils ont de se défendre de leurs angoisses. Vous vous voyez prendre toujours les décisions à la place de personnalités dépendantes telles que Magali (voir p. 120) ? Voler perpétuellement à leur secours ? Mais où est votre

→

vie à vous, dans un tel contexte ? Vous avez oublié que vous avez face à vous un adulte qui n'a pas pu grandir et serait bien plus heureux si on l'aidait à gagner en autonomie.
Bref, se mettre à la place de l'autre c'est, à terme, non seulement cautionner son attitude, mais aussi l'encourager. C'est dire, sans avoir besoin de boule de cristal, si l'avenir de votre relation s'annonce mal ! Et vous n'en retirerez aucun bénéfice réel ni l'un ni l'autre, bien au contraire. De l'excès de compassion à l'esclavage, il n'y a qu'un pas...

Ne tombez pas dans le piège de l'indifférence

Faire preuve d'empathie est une réaction saine, tant envers vous qu'envers l'autre ; tomber dans l'excès de compassion est délétère, pour vous comme pour la personnalité toxique. Par crainte de ne savoir faire la distinction entre les deux, vous pourriez choisir de faire « comme si de rien n'était », comme si la personnalité toxique que vous fréquentez ne l'était pas, comme si son comportement ne vous posait aucun problème. Vous pensez peut-être qu'ainsi, elle cessera de réagir de la sorte, voyant que cela n'a pas prise ; ou bien que vous court-circuiterez les émotions négatives qu'elle provoque en vous.

En vérité, **jouer l'indifférence – autrement dit ne pas prendre en compte la souffrance de ces personnalités – est le plus sûr moyen de les y enfoncer.** Ne faites pas comme si tout était normal – tout *n'est pas* normal –, ne faites pas semblant de ne pas voir. Le sarcasme ou l'ironie (que nous aborderons dans le chapitre suivant, p. 163), bien que délétères, sont en réalité moins pires que l'indifférence, car ils signalent au moins l'existence d'un problème et le fait que l'on y soit sensible – au sens que cela nous fait ressentir quelque chose. Rappelez-vous : les personnalités toxiques n'agissent pas ainsi par plaisir (voir p. 16), mais parce qu'elles souffrent et ne peuvent donc, de ce fait, contrôler leur comportement.

Ne pas voir, c'est enfermer l'autre et sa névrose dans une prison de verre dans laquelle il se sent lui-même transparent. C'est un peu le tuer ou, à tout le moins, **nier la réalité de sa souffrance.** C'est aussi s'extraire de notre propre souffrance en refusant d'y trouver une solution.

À NOTER

Ce conseil vaut pour toutes les personnalités que nous évoquons dans ce livre. Il est impossible de rester de marbre, sans réaction, soit devant l'isolement dans lequel elles se mettent, soit devant leur comportement inadapté par rapport à la réalité. Il faut donc que nous nous manifestions, si possible, de la manière la plus respectueuse possible, pour l'autre comme pour nous.

- Est-ce vraiment aimer que laisser Patrick, le solitaire (voir p. 127), s'enfoncer dans une solitude de plus en plus profonde en faisant « comme si de rien n'était » ? Où finit le respect de l'autre et où commence l'indifférence ? Ainsi, plutôt que de feindre l'indifférence, vous pouvez vous accommoder d'une personnalité solitaire, l'amener à l'être un peu moins, tout en respectant son besoin fondamental. Vous pouvez la rassurer, pratiquer un humour bienveillant afin de l'aider à relativiser et adoucir son inquiétude de fond.
- Hélène, personnalité sensitive (voir p. 122), ne fait de mal qu'à elle-même en fin de compte ; son désir n'est pas de nuire à autrui car elle est trop dévouée, trop scrupuleuse pour éprouver ce besoin.

- Magali et autres dépendants (voir p. 120) cherchent à se « re-narcissiser » convenablement. Si le temps leur permet d'éprouver la solidité des liens et leur capacité à développer leur autonomie, ils ne ressentiront jamais l'autre comme un adversaire, au contraire : ces personnalités lui accordent trop d'importance – sans doute plus qu'il ne le mérite, bien souvent.
- Les narcissiques et les histrioniques (voir p. 118 et 119), eux, accordent peu de place à autrui mais, si l'on se montre émotionnellement intelligent avec eux, la vie peut être agréable et même divertissante, car pleine de surprises.
- Il en est de même avec Alexandre le psychorigide (voir p. 123), Yann l'hyperstressé (voir p. 125) et Ernest, le passif-agressif (voir p. 121) – surtout avec eux ! En effet, ils ont une capacité étonnamment développée pour faire du quotidien un enfer, et vous n'avez aucune raison de vivre un enfer avec qui que ce soit. Ceux-là sont dans l'hostilité, dans le défi, ils veulent avoir raison contre tous. Il est vrai qu'avec ces personnalités, on se sent réellement agressé et qu'il serait tentant de jouer l'indifférence pour se protéger dans sa bulle. Mais ce sont justement des personnalités qui ont besoin de s'entendre dire « stop ! ». D'elles-mêmes, telles des locomotives lancées en roue libre, elles ne savent pas se poser les limites qui rendent supportable la relation. Rien ne serait plus contre-indiqué que de manifester de l'indifférence face à leur comportement foncièrement agressif et destructeur. Vigilance, donc, et résistance ferme et étayée sur des faits précis, et vérifiables ! Mais, en aucun cas, de l'indifférence.

À vous de trouver le juste milieu, l'équilibre qui garantit ce respect que l'on doit tant aux autres qu'à soi-même.

NE DEVENONS PAS ESCLAVES DE LEURS NÉVROSES

Nous avons, avant tout, le devoir de nous respecter nous-mêmes et d'être libres, et pour cela, ne pas devenir esclaves de leurs névroses. Il y a plusieurs façons de devenir esclave de la névrose d'autrui :

- on peut ne rien faire, laisser couler, se résigner et se dire que l'on n'y peut rien ;
- on peut trop en faire et choisir de se mettre à la place de l'autre, c'est-à-dire passer de l'empathie à la compassion (voir l'encadré « L'empathie est utile, la compassion est nocive », p. 139), prendre trop sur ses épaules et développer le syndrome du sauveur.

› Se résigner.

Se résigner à laisser les personnalités toxiques se comporter comme elles le font et à le subir sans rien faire ni rien manifester n'est pas une conduite saine, ni pour soi, ni pour elles. Vous concernant : vous niez ainsi vos propres besoins, valeurs, votre liberté d'être ; qui plus est, vous vous condamnez à subir, encore et encore, les effets délétères de leur comportement sur vous. Inutile de vous dire que ce n'est pas l'épanouissement personnel qui vous guette. Les concernant : en vous résignant à les laisser vivre leurs névroses, vous alimentez ces dernières. Sans vous tenir pour responsable, vous contribuez, d'une certaine manière, à les y maintenir. Vous ne leur rendez pas service et ne leur donnez pas l'occasion de pouvoir éventuellement changer positivement et se soulager de leurs angoisses. Au final, si vous pensiez au début y gagner en paix de l'esprit, tout le monde est perdant, vous compris. Et vous verrez, au fil de cet ouvrage, que de petites transformations simples peuvent avoir des répercussions positives à long terme, aussi bien pour vous que pour la personnalité toxique.

› Jouer les sauveurs.

Le syndrome du sauveur est un trouble psychologique se traduisant par une empathie excessive à l'égard des autres, doublée d'une envie, d'un besoin, même, de les aider dans toutes les situations.

⟶

Il s'agit d'un « altruisme » délétère pour les deux personnes : vous vous épuisez, physiquement et mentalement, à aider l'autre, à prendre sa place dans la souffrance, à vous sacrifier pour lui/elle et vous rendez maladivement responsable de ce qu'il/elle vit en vous persuadant que vous pouvez y remédier ; vous ne rendez pas service à l'autre en le rendant plus encore dépendant de vous, en lui ôtant la responsabilité de s'en sortir par ses propres moyens, en pensant et en agissant à sa place, et en le privant de sa capacité à évoluer.

NE NOUS LAISSONS PIÉGER NI PAR LA SÉDUCTION, NI PAR LA TYRANNIE

Le risque, avec les personnalités toxiques, **c'est d'être dupe et de tomber sans en avoir conscience dans leurs pièges** (souvent inconscients aussi). Ces pièges peuvent être subtils et difficilement décelables, comme le jeu de séduction (tous domaines confondus) de la personnalité narcissique, ou faire office de guerre ouverte, qui vous vainc à force d'usure.

Dans tous les cas, il est essentiel, avant d'envisager d'améliorer la relation de quelque façon que ce soit, de **veiller à ne pas tomber dans ces pièges** dont il est difficile de s'extraire une fois qu'on y est engagé et qu'on a plus de mal à faire preuve de discernement – à plus forte raison quand l'affectif entre en ligne de compte (lorsque la personnalité toxique est votre conjoint, votre père ou votre mère, un ami cher, etc.).

Voici donc les maîtres mots que vous devez garder à l'esprit dans toute relation avec une personnalité toxique :

- **Méfiance :** une personnalité narcissique comme Priscilla (voir p. 118) est particulièrement douée pour mettre en œuvre la bonne stratégie afin d'obtenir ce qu'elle veut, et tous les moyens seront bons, comme la séduction, les promesses, l'art de la manipulation, l'affect... Mais souvenez-vous : ce n'est pas de l'art ; c'est de l'artifice ! Ce n'est pas sincère, pas authentique ; c'est intéressé, tout simplement. Gardez à l'esprit que toute attitude d'une personnalité toxique a une finalité qui vient servir ses intérêts, ses besoins ou apaiser sa souffrance, que ce soit conscient ou non.
- **Discernement :** dans la ligne droite du point précédent, sachez faire preuve de discernement et démêler le vrai du faux, distinguer le vrai besoin sous la mise en scène, la finalité non avouée sous l'attitude. Les comportements de séduction de la personnalité histrionique (voir p. 119) peuvent aisément nous tromper si nous oublions que ce n'est pas nous (en tant que personne) qui sommes pris en compte, mais nous en tant que public, c'est-à-dire un agrégat indéterminé sans identité ni personnalité. Peu de chose, en somme. Donc, soyez lucide et sachez déceler la vérité sous ce qui est donné à voir.
- **Vigilance :** le comportement des personnalités toxiques, notamment lorsqu'il se fait tyrannique, peut nous engager, sans que nous l'ayons demandé, dans une guerre d'usure qui nous vide de toute énergie et de toute joie de vivre. La pente est faible, mais glissante et bien réelle pour qui ne prend pas garde à ne pas s'y engager. Le régime de la terreur que font régner les personnalités hyperstressées ou paranoïdes (voir p. 123 et 125) peut vous mettre dans un état de malaise tel que vous préférerez peut-être subir, ne rien dire, supporter plutôt que d'affronter, car cela crée de tels états de tension qu'il est très difficile de trouver la force de s'en défendre.

Dans tous les cas de figure, **maintenez toujours une distance salutaire pour vous, ne vous laissez pas piéger par l'émotionnel** et tentez d'**avoir toujours un point de vue le plus réaliste possible de la situation** – quitte à vous appuyer sur un avis extérieur et neutre.

Et si je sens que la situation me dépasse ?

Si vous sentez que la situation vous dépasse, que vous ne parvenez pas à prendre suffisamment de recul, qu'elle vous épuise physiquement et/ou nerveusement, **n'hésitez surtout pas à vous faire aider avant qu'il ne soit trop tard en consultant un psychothérapeute.**

LES SIGNES À ÉCOUTER AVANT QU'IL NE SOIT TROP TARD

Ne vous oubliez pas dans la relation toxique et soyez attentif aux signaux de votre corps et de votre mental qui vous indiquent que vous vivez mal la situation et qu'il est temps de réagir et de vous faire aider :

- perte d'appétit ou compulsions alimentaires soudaines ;
- fatigue physique ou nerveuse, apathie ; sensation d'être « vidé », sans force, sans énergie ;
- irritation chronique ;
- tensions musculaires, douleurs cervicales ;
- sensation de ventre noué, brûlures d'estomac ;
- baisse de libido ;
- désintérêt, perte d'envies, de joie de vivre ;
- difficulté de concentration, de mémorisation ;

> › insomnies, difficulté à s'endormir, épuisement dès le réveil (signe d'un sommeil non réparateur), ou au contraire envie de dormir en permanence même sans être fatigué ;
> › sensation récurrente de gorge nouée, de respiration courte, d'oppression dans la poitrine ;
> › idées noires, pleurs fréquents, découragement, voire pensées suicidaires.

METTRE DE L'EAU DANS SON VIN SANS S'OUBLIER SOI-MÊME

Nous avons vu que l'une des règles essentielles de l'empathie, et pour éviter de tomber dans la compassion délétère, est de **ne pas s'oublier soi-même dans la relation**. Au-delà de ce que vous vivez avec telle ou telle personnalité toxique, n'oubliez pas que vous existez d'abord et avant tout, que vous êtes une personne à part entière avec ses émotions, ses besoins, ses valeurs, son vécu, ses envies et que **vous ne vous réduisez pas à cette relation qui vous empoisonne.**

Il convient donc de pas oublier qui vous êtes et d'y rester fidèle : en vous respectant, vous serez plus enclin à respecter et à comprendre l'autre en face. En outre, en sachant qui vous êtes, en gardant à l'esprit ce qui compte pour vous, **vous saurez plus facilement faire la part des choses entre ce à quoi vous tenez réellement et ce sur quoi vous pouvez lâcher du lest**, plutôt que d'aller systématiquement à l'affrontement pour des choses qui n'en valent pas toujours la peine.

Soyez fidèle à vos valeurs

Vivre, grandir et évoluer nécessite des repères, des bases. Pour nous aider à tenir debout et avancer sur le chemin de la vie, **nous nous raccrochons à nos valeurs, qui sont nos repères**. C'est à travers elles, entre autres, que nous nous définissons et que nous exposons au monde notre vision des choses.

Au fait, c'est quoi, une valeur ?

Nous pouvons répondre facilement à cette question en faisant la **liste des actes qu'il nous serait impossible de commettre**. Par exemple : manquer de respect, tromper l'autre, agir volontairement d'une manière malhonnête, dire du mal du voisin... en somme, tous les actes que nous pourrions condamner si nous en étions témoins. Sachant cela, nous cherchons à nous prémunir du jugement des autres en prenant soin de ne pas tomber dans les travers que nous pourrions nous-même condamner. Nos valeurs sont donc surtout définies par les situations que nous cherchons à éviter.

C'est vous dire qu'une valeur n'existe réellement que lorsqu'elle est mise en œuvre. Une valeur, dans l'absolu, c'est de la bonne conscience à bon compte. Aussi, aux grandes valeurs, je préfère **celles que nous pouvons respecter et mettre en œuvre dans notre vie réelle**. Au fond, ce sont justement celles-ci qui nous mettent à l'épreuve quotidiennement.

Prenons la tolérance. Tout le monde se dit tolérant, et pourtant ! Quand vous êtes face à Corinne l'anxieuse (voir p. 124), que vous êtes sur un projet enthousiasmant et qu'elle agite le drapeau noir de l'échec, avouez que vous n'avez pas envie d'écouter ses mises en garde et que vous vous bouchez mentalement les oreilles.

Pourtant, s'il y avait quelque chose de juste dans son discours ? Quelques embûches que vous n'auriez pas vues ? Mais, épuisé par ses perpétuels discours démotivants, vous ne tolérez pas : vous ne supportez plus ses mises en garde.

Et quelle réaction avez-vous devant les bouderies ou les brusques colères d'Alexandre, le paranoïde (voir p. 123) ? À défaut d'empathie, vous vous moquez, quitte à entretenir le feu de la colère ou la glace de la bouderie.

Être tolérant, c'est donc, d'une façon toute pragmatique, **accepter l'autre tel qu'il est et non tel qu'on souhaiterait qu'il soit**. Pour être tolérant, il faut d'abord que nous fassions l'effort de comprendre l'autre. **Ce qui ne signifie pas que nous allons tout en accepter, loin de là !**

Recentrez-vous sur ce qui compte vraiment et lâchez prise sur le reste

Nous avons tous une **échelle personnelle de valeurs.** Elle nous vient de l'éducation que nous avons reçue, de notre environnement socioprofessionnel, des expériences que nous avons vécues, de l'influence qu'ont eue sur nous les personnes qui nous sont chères, celles qui nous servent de modèles ou de référents.

Curieusement, j'ai constaté que nous pouvons avoir plusieurs échelles : l'une concernant notre vie professionnelle, l'autre notre vie privée, par exemple. La perception des valeurs est donc changeante selon les différents plans de notre vie. Ainsi, tout manquement au respect des codes sociaux peut apparaître comme une faute grave dans la vie professionnelle et n'avoir que peu d'importance dans notre sphère personnelle.

Nos sentiments, eux, tendent à nous recentrer sur l'essentiel : entre une personne qui nous ment, qui nous blesse, et une autre qui se soucie peu du strict respect des normes sociales, on préférera souvent la seconde. En effet, **nos valeurs dépendent surtout du sens que l'on donne à notre vie et des désirs profonds qui nous animent**. La personne qui viendrait piétiner nos convictions profondes apparaîtrait alors comme immédiatement hostile.

Nos valeurs se confrontent souvent à celles d'autrui mais, d'une manière générale, il y a un consensus autour de certaines d'entre elles : l'honnêteté, l'engagement, la fiabilité, l'authenticité, le respect de l'autre (donc de soi-même), la liberté (avec, comme limite, le respect de celle des autres).

Si l'on souhaite dépasser le conflit et créer un lien sincère et authentique avec ces personnalités toxiques qui nous agacent parfois, il va falloir mettre de l'eau dans son vin, ne pas s'offusquer à chaque remarque qui nous paraît désobligeante ou chaque comportement qui nous irrite, mais, pour autant, ne pas en oublier ce qui nous est cher. En bref, il faut **chercher un nouvel équilibre dans nos relations**.

Exercice

Faites le point sur ce qui compte vraiment pour vous ainsi que sur les choses de moindre importance à propos desquelles vous êtes prêt à lâcher prise.

› ***Quelles sont les valeurs, les principes qui guident votre vie, qui font sens pour vous, que vous tenez à respecter (et à ce qu'ils soient respectés à votre égard) en toute circonstance, sur lesquels vous ne pouvez envisager de transiger ?***

....

....

....

› ***Dans le comportement, les attitudes, les paroles de la personnalité toxique qui vous pose problème, qu'est-ce qui vous agace, vous irrite, mets vos nerfs à rude épreuve, vous dérange, etc. ; bref, qu'est-ce qui, chez elle, vous fait réagir négativement ?***

....

....

....

› ***Dans ce qui vous agace chez cette personne, quels sont les points qui recoupent vos valeurs listées à la première étape ?***

....

....

....

Les points qui ne recoupent pas vos valeurs essentielles font automatiquement partie de la liste des choses sur lesquelles vous pouvez envisager de lâcher prise parce qu'au fond, ce ne sont pas des choses qui comptent tant que ça pour vous.

› ***Et si tout ce que fait la personne va à l'encontre de mes valeurs ?***

Deux solutions sont alors envisageables :

① *Peut-être êtes-vous trop intransigeant dans la vie en général, avec les autres comme avec vous-même. Vous êtes humain, ne l'oubliez pas, avec vos forces et vos faiblesses. Reprenez la liste de vos valeurs : certaines ne sont-elles pas trop idéalistes ? D'autres ne répondent-elles pas plutôt à un besoin, un manque ou une angoisse ? Prenez le temps de vous interroger et, éventuellement, de réduire votre liste à l'essentiel en revoyant vos exigences à la baisse – ou plutôt à la réalité.*

② *Peut-être également les attitudes de cette personne vont-elles toutes à l'encontre de vos valeurs les plus essentielles, et, dans ce cas, il convient de s'interroger : si cette relation vous correspond aussi peu et si elle vous empoisonne autant, est-il vraiment nécessaire/bénéfique pour vous de la poursuivre ? La question mérite d'être posée.*

À la recherche d'un nouvel équilibre

Soyons clairs : lâcher prise ne signifie nullement que vous devez vous effacer ni renier votre échelle personnelle de valeurs. Simplement, il faut **garder à l'esprit ce qui est important entre l'autre et soi, tout en restant fidèle à nous-mêmes**. Concrètement, il faut faire preuve de tolérance face à certains comportements, mais ne pas en accepter d'autres.

Prenons un exemple : vous vivez avec un solitaire comme Patrick (voir p. 127) et qui se complaît son attitude. Si vous n'y prenez garde, ses aspirations finiront par prendre le dessus sur les vôtres et votre vie sociale se réduira comme peau de chagrin. Il s'agit donc, à terme, d'un enfermement, et votre équilibre (le vôtre comme celui de la relation) serait rompu. Si vous ne pouvez convaincre votre partenaire de la nécessité de s'ouvrir aux autres, au monde, et si vous-même ne vous accordez pas de temps en temps une soirée avec des amis, des temps de rencontre, de partage, vous limitez alors votre propre liberté d'être en relation avec l'extérieur.

La liberté d'être en contact avec le monde répond à un besoin sain, personne n'est en droit de vous en priver. À l'inverse, vous ne pouvez pas non plus imposer cette vision des choses à l'autre.

C'est ici que se situe le point d'équilibre. Alors, ne lâchez pas, **respectez qui vous êtes et affirmez-vous dans ce en quoi vous croyez** (ici, le besoin que vous avez d'entretenir des relations sociales) **tout en respectant les besoins et choix de l'autre** (ce qui ne vous empêche de temps à autre de faire le nécessaire, à petites doses et sans rien imposer ni juger, pour donner envie à votre partenaire de sortir un peu de sa grotte).

Respect et liberté : les clés pour des relations plus équilibrées

Au fond, notre échelle de valeurs peut se résumer à deux valeurs maîtresses, qui me semblent fondamentales : le **respect mutuel** et la **liberté réciproque**. C'est, me semble-t-il, lorsque ces deux valeurs sont mises à mal que nous ne devons pas céder. Elles sont comme des poupées russes car, à elles deux, elles « contiennent » la tolérance, l'engagement, l'authenticité, la fiabilité. En effet, on ne peut mettre en œuvre ces valeurs si nous n'exerçons pas en priorité le respect mutuel et la liberté réciproque. **C'est une souplesse que l'on s'offre à soi et que l'on offre à l'autre :** en se respectant et en respectant sa liberté propre, on se donne la possibilité d'être qui l'on est réellement et de s'épanouir. En respectant l'autre et en respectant sa liberté à lui, on lui permet en retour d'être qui il est réellement et de ne plus avoir nécessairement besoin de lutter, par des comportements disproportionnés ou inadaptés, pour exister.

À NOTER

Cette souplesse, nécessaire à la recherche d'un équilibre, n'est pas un reniement ! C'est plutôt une adaptation au réel, et cela peut considérablement vous aider à dédramatiser votre relation avec les personnalités toxiques.

PRENEZ SOIN DE VOUS !

L'acceptation de l'autre ne signifie pas que l'on doive se résoudre à vivre une relation difficile au quotidien (rappelez-vous ce que nous avons vu sur le fait de se résigner – voir l'encadré « Ne devenons pas esclaves de leurs névroses », p. 143). Il ne faut pas perdre de vue que nous ne sommes pas obligés de subir les excès comportementaux de ceux qui nous entourent et que nous avons notre vie propre ! Votre existence ne se résume pas, ne doit pas se résumer à cette seule personne et aux difficultés relationnelles que vous connaissez entre vous.

Nous venons de voir qu'il est indispensable de ne pas oublier qui vous êtes ; mais songez également à ne pas oublier de vivre tout court ! **Pensez aussi et avant tout à vous, à votre bien-être, à vos besoins psychiques, émotionnels, physiologiques.** Le monde continue de tourner au-dehors et votre vie continue de se dérouler. Quel dommage ce serait de passer à côté, même un temps, pour une relation conflictuelle qui vous empoisonnera d'autant plus que vous focaliserez toute votre attention et votre énergie dessus…

Ainsi, prenez soin de vous, de toutes les manières possibles ! Plus vous serez attentif à vos besoins, cultiverez votre joie de vivre, favoriserez votre bien-être, mieux vous vous sentirez dans votre corps, votre tête et votre vie – ainsi qu'avec les autres.

À NOTER

Le bien appelant le bien, quand on prend soin de soi, qu'on veille à cultiver son bonheur, on adopte naturellement une attitude ouverte face à la vie et aux autres : on est plus souriant, on a plus confiance en soi, on se focalise moins sur les tracas et les choses négatives, on est moins sujet à l'irritation, on est plus souple, plus tolérant, on lâche plus facilement prise, on est moins sur la défensive et plus dans l'accueil, on est plus enclin au partage, on fait naturellement preuve d'empathie, etc. Autant de choses qui ne pourront qu'influer positivement sur votre relation avec la personnalité toxique – et qui vous feront dans tous les cas le plus grand bien !

Exercice

Alors, comment allez-vous prendre soin de vous ?

› Listez au moins 3 actions/activités/habitudes que vous pouvez mettre en œuvre pour prendre soin de votre corps :

....

....

....

Le corps et l'esprit sont liés, ce n'est plus une nouveauté pour personne. Vous ne pouvez guère espérer vous sentir pleinement épanoui dans un corps fatigué et dont on n'écoute pas les besoins. Les idées ne manquent pas : pratiquer une activité physique qui vous plaît, aller régulièrement marcher, vous faire masser, faire une cure thermale, prendre rendez-vous chez un énergéticien, vous accorder un bon bain chaud, suivre une cure détox, prendre des compléments alimentaires, pratiquer la respiration ventrale (voir p. 134), etc.

› Listez au moins 3 actions/activités/habitudes que vous pouvez mettre en œuvre pour prendre soin de votre mental :

....

....

....

Prenez soin également de votre mental, qui en subit peut-être beaucoup dans cette relation toxique : stress, anxiété, humeur changeante, tensions... Par exemple, vous pouvez : pratiquer la méditation de pleine conscience (voir p. 170), passer moins de temps devant les écrans (télévision, ordinateur, smartphone), aller vous ressourcer en pleine nature le temps d'une balade, faire du yoga, jardiner, lire, écouter de la musique, rencontrer des gens, passer du temps avec des personnes avec lesquelles les relations ne sont pas conflictuelles, etc.

› ***Listez au moins 3 passions/centres d'intérêt/loisirs que vous aimez vraiment et qui vous rendent heureux :***

....

....

....

Que voilà un bien joli programme ; plus qu'à s'y mettre !

Et ne culpabilisez pas ! Vous n'êtes pas responsable de la souffrance de la personnalité toxique ; en revanche, **vous êtes pleinement responsable de votre propre bonheur**. Pensez à vous recentrer sur vous-même et à faire pour vous ce que personne ne peut faire à votre place : vous rendre heureux.

Chapitre 3

Les clés pour mieux interagir avec les personnalités toxiques

Agir sur soi, sur nos émotions, sur nos réactions face aux personnalités toxiques qui nous compliquent la vie est une étape primordiale : elle nous permet de reprendre le contrôle dont nous pensions être dépossédés lorsque nous subissions leur comportement – c'est de toute façon un prérequis indispensable dans toute relation que l'on veut harmonieuse.

Mais ici, c'est avec des personnes à la personnalité plus complexe que l'on souhaite interagir. Il va donc nous falloir faire le premier pas et adapter quelque peu notre attitude pour plus de stabilité et de sérénité dans nos relations avec elles.

NOUS AVONS AUSSI NOTRE PART DANS LE COMPORTEMENT TOXIQUE D'AUTRUI

Les personnalités toxiques, comme nous l'avons vu tout au long de cet ouvrage, ont des attitudes et des propos qui sortent du cadre des relations sociales habituelles : parce qu'elles souffrent, parce qu'elles ont, inconsciemment, des manques ou des traumatismes à panser, parce qu'elles se sont construites tant bien que mal avec les béquilles qu'elles avaient à disposition, elles agissent et réagissent généralement de manière confuse, incohérente, disproportionnée, déstabilisante, agressive, défensive, etc.

C'est difficile à vivre pour nous, impossible de le nier. Mais avons-nous conscience que nous sommes **partiellement responsables de leurs réactions** ?

Nos relations sociales habituelles ne sont pas toujours un long fleuve tranquille, et c'est normal : nous sommes tous différents, tous uniques, et comme nous interagissons les uns avec les autres, parfois, nos individualités entrent en conflit. Nous n'avons pas tous la même vision du monde, le même vécu, les mêmes apprentissages, les mêmes émotions, les mêmes forces et faiblesses, les mêmes valeurs, les mêmes codes. Si je fais de l'humour au sein d'un groupe, certaines personnes vont trouver cela très drôle, d'autres vont rester indifférentes et d'autres encore seront peut-être agacées ou blessées. Si je suis une personne plutôt indépendante, mon compagnon pourra apprécier cela s'il l'est lui-même ou prendre mon attitude pour un manque d'amour s'il est du genre à vouloir partager tout son temps libre avec moi.

Il est donc tout à fait compréhensible que, de même – et plus encore –, les personnalités toxiques puissent se sentir blessées, irritées, choquées ou angoissées en réaction à ce que nous disons ou faisons, même si nous ne pensons pas à mal. Ainsi, même si nous ne sommes évidemment pas responsables de leurs névroses, **parfois, loin de les aider, notre façon d'agir est susceptible d'amplifier ces dernières.**

Ne culpabilisons pas : allons de l'avant et faisons de notre mieux !

Pour autant, nous ne sommes pas le diable non plus : **ne culpabilisez donc pas**. Se sentir coupable c'est, d'une certaine façon, se maintenir dans la toute-puissance : en vous blâmant, vous partez du principe que vous êtes responsable de tout.

Non, les personnalités toxiques n'existent pas grâce ou à cause de vous ! Oui, il n'est pas aisé de communiquer avec elles. Oui, vous êtes parfois maladroit, malveillant, peut-être médisant du fait de votre exaspération. Quand vous regrettez ce que vous avez dit ou fait, de toute façon, il est trop tard. Mais **culpabiliser ne servira à rien, sinon à vous bloquer sans aucune avancée possible** – et à vous faire souffrir par la même occasion alors que vous en supportez bien assez comme ça. Votre estime de vous-même s'en trouvera malmenée et la culpabilité ne vous aidera ni à la restaurer, ni à effacer ce qui a été.

Cessez donc de vous flageller, redressez la tête, respirez un bon coup, secouez-vous et... recadrez le tir !

Et pour ce faire, commencez par **prendre conscience de la manière dont vous blessez, parfois, les personnalités toxiques de votre entourage.**

Exercice

Maintenant que vous comprenez mieux les personnalités toxiques grâce à la première partie de cet ouvrage (si besoin, vous pouvez relire nos fiches-résumés p. 117), vous connaissez mieux leurs réactions, leurs souffrances et les raisons de leur comportement.

Réalisez cet exercice en toute bienveillance, vis-à-vis de vous comme de l'autre : ne vous blâmez pas (vous être justement en train de chercher des solutions pour que cela ne se reproduise pas) et ne blâmez pas l'autre (il ou elle est dépendant de ses névroses). Ne perdez pas de vue l'objectif de ce travail : non pas désigner un coupable, mais trouver comment rendre vos relations plus faciles et plus sereines.

› *Rappelez-vous le dernier conflit que vous avez eu avec la personne qui vous pose problème, repassez-vous la scène dans votre tête et* ***essayez d'identifier le ou les élément(s) déclencheur(s) et/ou le ou les élément(s) qui a (ont) pu rajouter de l'huile sur le feu durant le conflit.***

› *Parmi ces éléments,* ***listez ceux qui sont de votre fait*** *(peu importe qu'ils aient été réellement blessants, inappropriés, malveillants ou qu'ils aient été interprétés comme tels ; soyez juste factuel) : mots, comportement, indifférence, etc.*

› *Essayez d'envisager, pour chacun de ces éléments,* ***une autre manière de dire ou de faire les choses*** *susceptible, la prochaine fois, de ne pas déclencher le conflit ou de ne pas l'envenimer – ou bien essayez, sans renier vos valeurs (voir p. 168),* ***de ne pas reproduire la même attitude la prochaine fois que vous serez avec cette personne.***

GARE À L'OPPOSITION SYSTÉMATIQUE !

Les personnalités toxiques ont souvent des comportements inappropriés, inadaptés à leur environnement ou relations, **ce qui génère, en face, incompréhension, et donc généralement refus, conflit et opposition**.

Or, n'oubliez pas qu'elles agissent ainsi parce qu'elles ne peuvent faire autrement. S'opposer systématiquement aux personnalités toxiques, c'est donc **les plonger dans une souffrance, car leurs besoins inconscients et leurs angoisses ne sont pas entendus et donc insatisfaits**. Le risque ? Outre exacerber ces angoisses, l'affrontement renforcera très certainement leurs comportements toxiques – qui ne sont, finalement, que des comportements de défense.

À l'opposition, il vaut donc mieux **préférer le compromis**. Respectez-vous, bien entendu (il ne s'agit pas de tout accepter) et respectez l'autre : vous le méritez tous les deux. Cela demande de la patience (beaucoup), de la finesse et, surtout, de l'empathie (voir p. 136). Gardez à l'esprit, pour vous aider à lâcher prise, que de cette coopération que vous initierez naîtra une belle relation, plus sereine et donc mutuellement profitable.

QUELQUES EXEMPLES POUR BIEN COMPRENDRE

› Prenons le cas de Lucas. Cette personnalité évitante (voir p. 126) rêve d'être un passe-muraille et de n'avoir jamais de choix à faire. Mais au bureau, en dépit de sa propension à procrastiner, on est certain de ses compétences et on lui propose une promotion qu'il refuse. Dès lors, il serait maladroit de s'opposer frontalement à son refus. Rappelez-vous : il doute de lui, de sa valeur, et n'a aucune

→

estime personnelle. Par conséquent, pour lui, tout avancement professionnel est une douloureuse mise à l'épreuve. Aussi, plutôt que de s'opposer à son refus de promotion, il faudrait plutôt dire que vous comprenez son refus puis, dans un second temps, mettre en valeur ses qualités, ses compétences, ses réussites. **Toute opposition sera immédiatement perçue comme une menace de rejet et d'échec.** Pour lui, la barre est toujours placée trop haut. Il s'agit donc, avant tout, de **rééquilibrer sa propre estime de lui** afin qu'elle corresponde à l'ambition que l'on nourrit à son égard.

› L'opposition stricte à une personnalité narcissique comme celle de Priscilla (voir p. 118) sera également vouée à l'échec. Plutôt que de vivre conflit sur conflit, **vous pouvez accepter de satisfaire certains de ses désirs, s'ils ne mettent pas en danger votre relation**. C'est à vous, qui êtes raisonnable, d'en juger. Là encore, l'équilibre est de mise : chacun mérite la place qui est la sienne, mais il est hors de question – sous prétexte de bonté ou de sacrifice – de vous effacer afin de la laisser occuper le devant de la scène en permanence.

› De même, il est inutile de s'opposer systématiquement à Alexandre, notre psychorigide paranoïde (voir p. 123). Imaginons que vous l'assistez dans un dossier et que vos points de vue divergent. Ce n'est pas la première fois. Malgré tout, vous persistez à vous opposer. Avez-vous remarqué que cette opposition dégénère systématiquement en situation de crise ? **C'est un jeu totalement contre-productif qu'il serait bon d'arrêter.** Alexandre est certain de détenir la vérité et il est prêt à la défendre à tout prix car il pense que le monde entier veut sa perte. Une opposition frontale ne fera que renforcer ce sentiment. Il en va de même au sein de la cellule familiale : **toute opposition est une déclaration de guerre !** Le mieux est donc la **tactique du contournement, qui consiste à lâcher du lest sur ce qui n'a pas d'importance à nos yeux** (sans renier nos propres valeurs essentielles).

PRENONS EN COMPTE LEUR SOUFFRANCE

Ne tombons pas dans l'ironie ni le sarcasme

Le sarcasme et l'ironie ne sont pas de bons outils pour une relation harmonieuse. Ils démontrent une certaine méchanceté, un esprit tranchant ou un mépris que nous sommes peu nombreux à supporter sereinement. **C'est encore plus difficile à supporter pour ces personnalités toxiques, qui sont particulièrement sensibles et, au fond, vulnérables.**

Ah ! Qu'il est tentant de s'y adonner parfois, je l'avoue. Je pense tout particulièrement aux réactions suscitées par le comportement de ces personnalités histrioniques tel Francis (voir p. 119). Son côté vantard ou Don Juan peut, effectivement, susciter sarcasmes ou ironie. Mais à quoi bon prendre le risque d'une scène qui, au final, ne profitera à personne et sera pénible pour tout le monde ?

À NOTER

Nous prenons en outre le risque de voir se prolonger ce comportement inadapté. Au fond, il ne cherche là qu'à réaffirmer son identité sexuelle. Si nous poussons le bouchon un peu trop loin, cela pourrait le faire basculer dans une réelle souffrance, absolument authentique, je vous l'assure. Ça peut aller très loin : plongée dans l'alcool pour anesthésier la souffrance ou, pire, tentative de suicide pour sortir en beauté, théâtralement. Des risques graves totalement inutiles à prendre pour un simple trait d'humour piquant.

QUELQUES EXEMPLES POUR BIEN COMPRENDRE

› La pauvre Hélène (voir p. 122), sensitive et sensible, ne peut rien contre une parole acerbe, si ce n'est s'écrouler en larmes. **Pour que ce genre d'exercice soit justifié, il faut avoir un interlocuteur de taille, que cela va amuser et non déstabiliser**, c'est-à-dire une personne « normalement névrosée » (comme vous et moi, donc) et dont l'estime de soi est suffisamment solide. À vaincre sans péril, on triomphe sans gloire !

› Chez les personnalités évitantes, tel Lucas (voir p. 126), tout comme chez les personnalités solitaires comme Patrick (voir p. 127), ce mode de fonctionnement aura un effet bien prévisible : **les renforcer dans leur choix de se mettre l'écart et de s'enfermer plus loin dans la solitude**.

› Quant aux anxieux comme Corinne (voir p. 124), sarcasme et ironie sous toutes leurs formes ne vont faire qu'exacerber leurs travers. N'oubliez pas que, pour les anxieux, toutes les raisons sont bonnes (à leurs yeux) de penser que le pire est à craindre. **C'est une chose très sérieuse pour eux et cela ne peut être objet de moqueries.**

Avec les personnalités toxiques, réagir ainsi serait une réponse inappropriée à leurs besoins et à leur vulnérabilité. **Alors contrôlez-vous : vous en avez la possibilité** ; nos petits loups, eux, souffrent de ne pas pouvoir le faire. C'est un exercice difficile qui demande de la patience et de l'énergie, j'en conviens. Il ne s'agit pas de faire tout le chemin à la place de l'autre mais, au moins, d'essayer de ne pas ajouter de poids à leur souffrance, bien réelle.

N'entretenons pas leurs névroses

Il est possible que, sans nous en rendre compte, nous nourrissions la névrose de l'autre. Pour se sentir un peu plus exister, pour exprimer notre opinion, notre sentiment, ou plus simplement parce que nous ne supportons plus son comportement.

Même avec les meilleures intentions du monde, parce que nous oublions que l'autre devant nous ne « fonctionne » pas de la même manière, est doté d'une sensibilité et d'un passé qui lui sont propres, il nous arrive ainsi à tous d'être maladroits. Ne nous en blâmons pas. Cependant, **essayons tout de même de respecter la sensibilité des autres.**

QUELQUES EXEMPLES POUR BIEN COMPRENDRE

› Prenons Lucas, cette personnalité évitante (voir p. 126) : souvenez-vous qu'il a horreur de la nouveauté et de l'imprévu. Pour autant, vous avez vous aussi vos besoins, vos aspirations (notamment dans vos relations de couple) et il serait absurde de les renier. **Adaptez le rythme, laissez-lui le temps d'envisager les choses, de se les approprier.**

› Avec Patrick, qui est un solitaire (voir p. 127), il se peut que vous oubliiez parfois son besoin de solitude et de silence. Ainsi, dans le cadre du couple, par exemple, ne lui sautez pas au cou avec effusion lorsqu'il rentre et ne l'accablez pas de questions. Il a déjà enduré la présence de ses collègues, **laissez-lui un « sas » temporel dans lequel il pourra se retrouver lui-même** ; il n'en sera que plus disposé à vous accueillir par la suite.

› Si nous prenons Corinne, qui est une vraie anxieuse (voir p. 124), souvenez-vous que l'angoisse est son quotidien. Aussi, ne faites pas planer la menace d'un licenciement dont vous n'êtes pas certain.

→

Réfléchissez bien aux effets que vos paroles pourraient avoir, même si, à première vue, vous pensez rendre service.

› Yann, l'hyperstressé (voir p. 125), ne supporte ni la lenteur, ni le manque de clarté. Alors, quand vous lui parlez, **ne partez pas dans des détails superflus ; allez à l'essentiel**. Ces personnalités y sont déjà, dans l'essentiel, car leur pensée va très vite. Cela vous évitera des remarques blessantes. De même, vous pouvez leur épargner la charge de veiller aux devoirs des enfants : ils vont bouillir et vos enfants seront terrifiés, écrasés par les paroles insultantes qui pleuvront sur eux.

› Avec les personnalités passives-agressives comme Jules ou Ernest (voir p. 121), la maladresse survient très vite car leur comportement d'enfant rebelle nous y pousse. Plus on les presse, plus ils prennent leur temps ! Pour un rien, ils boudent et s'isolent. **Ce comportement enfantin nous fait, du coup, réagir comme si nous étions leur père ou leur mère. Exactement ce qu'il ne faut pas faire !** Vous allez les conforter dans leur rôle, à leur plus grande satisfaction ! Donc, pas de phrases du type : « *Mais, enfin, c'est la dixième fois que je te le demande : il faut que tu classes ce dossier aujourd'hui !* », « *Dis donc, tu te moques de moi ? Je t'avais demandé de t'occuper de chercher un nouvel appartement, et je vois que tu es resté toute la journée à regarder la télé !* » ou encore « *Quand, enfin, vas-tu te décider à grandir et à te sentir vraiment responsable de tes actes ?* ».

› Priscilla, en bonne narcissique (voir p. 118), est très sensible aux marques de préséance et de politesse (même si celles-ci ne valent pas pour autrui à ses yeux). N'oubliez pas que vous êtes en présence d'un être « exceptionnel » et, en conséquence, **ce serait une maladresse d'arriver en retard ou de manquer de la plus élémentaire courtoisie**. Si vous les recevez à votre table, de grâce, respectez le protocole, autrement vous allez passer une soirée détestable. Leur susceptibilité n'a d'égale que leur vanité. Il faut donc en tenir compte si vous ne voulez pas les irriter. Avec eux, mieux vaut en faire « trop » que pas assez. Il serait également

maladroit de faire état de ce que vous possédez, des objets ou des facilités dont ils ne bénéficient pas eux-mêmes. Comment se fait-il que vous ayez accès à des privilèges qu'ils n'ont pas ? Aussi ne puis-je que vous recommander la plus grande discrétion à propos de votre vie privée.

Comme vous le constatez à travers tous ces exemples, il vous faut **faire preuve de finesse et de self-control.** Vous voyez cela comme un signe de faiblesse ? Vous pensez qu'en vous « soumettant » aux caprices de l'autre, vous admettez sa domination sur vous ? Il n'en est rien. Il s'agit simplement de **ne pas souffler sur les braises de l'incendie dont vous cherchez à vous protéger.** Quitte à voir l'autre se consumer, essayons au moins de ne pas alimenter le brasier.

Ne profitons pas de leur vulnérabilité

Parfois, sans vraiment nous en rendre compte, nous pouvons avoir tendance à « profiter de la situation ». Englués que nous sommes dans cette relation complexe où nous marchons constamment sur des œufs, **nous nous laissons parfois « contaminer », en quelque sorte, par leurs névroses et y réagissons en correspondance** (d'une certaine manière, cela nous est plus facile que d'aller systématiquement à l'affrontement).

La personnalité dépendante (voir p. 120) est l'exemple type de la personnalité dont il est facile d'abuser. En effet, sa crainte de l'abandon est tellement forte qu'elle est prête à tout pour y échapper. Elle est capable de tous les sacrifices pour conserver votre affection.

Mais c'est justement **en raison de cette vulnérabilité que nous n'alimenterons pas sa névrose** en l'asservissant à nos désirs. Que ce soit dans le cadre professionnel ou privé, il serait malséant de lui confier ce que personne ne veut faire. Tout comme il serait délétère de lui demander constamment de nous rendre service et de considérer que cette personnalité n'est là que pour nous libérer des contraintes qui nous sont désagréables.

Alors, pas d'exploitation des personnes dépendantes ! Autrement dit, encore et toujours : **respectons l'autre dans ce qu'il est.**

MIEUX COMMUNIQUER POUR DES RELATIONS PLUS SAINES

La communication repose sur ceux qui la partagent ; en clair : nous sommes tous responsables ! Mais, et c'est une évidence, pour gérer ces personnalités toxiques**, il est nécessaire d'affiner notre façon de communiquer afin de l'adapter à leurs particularités**. Si nous communiquons mal, si nous ne faisons pas un effort d'écoute, de clarté, de cohérence, la relation avec l'autre en est nécessairement affectée.

Se taire pour mieux écouter

Soyons sincères, hormis pour quelques personnes particulièrement douées, bien communiquer est difficile pour tout le monde. De fait, dans le cercle familial, on ne nous apprend pas à communiquer convenablement : ou bien la parole de l'enfant ne peut être entendue car les parents sont aux prises avec leurs propres difficultés ; ou bien l'enfant est roi et ce qu'il dit occupe alors toute la place ; ou bien encore, par principe, la parole de l'enfant passe en second et n'est tout simplement pas reçue.

Vous avez pu constater que ces cas de figure se retrouvent dans l'enfance des personnalités toxiques que nous avons vues. Au final, parvenues à l'âge adulte, soit elles ne communiquent pas assez, soit elles s'expriment trop et font trop de bruit dans l'espoir d'être entendues.

Bien souvent, nous ne faisons que prêter une oreille distraite (voire indifférente) à ce que l'autre nous dit, d'autant plus lorsque nous sommes confrontés à des personnalités toxiques ! **Écouter *vraiment*, c'est faire silence en soi,** et cela est – reconnaissons-le – très difficile, car nous sommes souvent submergés par nos propres émotions. Écarter nos a priori et nos idées toutes faites demande un réel effort sur nous-mêmes, donnant l'impression que la relation avec l'autre est faussée, biaisée : on ne peut entendre l'autre tant il est difficile de s'entendre réellement avec lui.

Quand la personnalité méfiante (voir p. 122) vous répète pour la centième fois que vous devez regarder à nouveau dans le dossier et vérifier que tout est OK sinon la société fera faillite, je comprends qu'un énorme sentiment de lassitude vous envahisse.

Quand Magali (voir p. 120) vous demande incessamment si vous l'aimez et pourquoi, alors que vous avez besoin d'un peu d'air pour respirer, je partage le sentiment d'usure que vous pouvez éprouver.

Quand Francis (voir p. 119), grand histrionique devant l'Éternel, fait son numéro de claquettes pendant une réunion importante, je reconnais qu'il est très difficile de rester attentif à ce qu'il dit, et que l'envie de lui envoyer le dossier qui est devant vous à la figure vous effleure.

Il s'agit, dans tous ces exemples et bien d'autres, de **calmer son exaspération** : aidez-vous, pour cela, de l'exercice de la page 132. Vous faites là le plus difficile : maîtriser vos émotions. **Vous serez alors en mesure d'écouter vraiment l'autre, d'entendre sa vulnérabilité et de vous mettre un peu à sa place.**

Lorsque nous écoutons vraiment, nous nous offrons non seulement à la parole de l'autre, mais aussi à ce qui n'est pas dit et n'est perceptible qu'au travers de son langage non verbal (voir ci-après). Nous pouvons alors être « touchés » par l'autre et ainsi le comprendre un peu mieux.

Exercice

Afin de vous entraîner à l'écoute active et consciente de l'autre, prenez l'habitude, chez vous, de pratiquer ce petit exercice de méditation. Non seulement vous développerez une aptitude à l'écoute attentive de ce qui se passe dans l'instant, sans vous laisser distraire par des pensées parasites, mais c'est en outre – double bénéfice ! – un excellent moyen de vous recentrer et de calmer vos émotions, que vous canaliserez de mieux en mieux à force de pratique. Un bon point qui ne peut que vous servir favorablement pour développer des relations plus sereines avec les personnalités toxiques – qui demandent une bonne dose de zen – et avec les autres en général.

› *Chaque fois que vous en avez la possibilité (dans un parc, dans la nature, chez vous, au bureau pendant la pause, au restaurant, dans les transports en commun, sous la douche, dans le lit le matin au réveil, etc.),* ***prenez quelques minutes pour fermer les yeux****.*

› ***Respirez normalement,*** *sans forcer, comme cela vous vient naturellement.*

› ***Focalisez votre attention sur ce que vous percevez par le biais de vos sens :*** *les bruits environnants, la température* *ambiante, la chaleur du soleil ou la caresse du vent, les odeurs alentour, le poids de votre corps sur la chaise ou sur vos pieds ancrés dans le sol, les vêtements ou l'eau de la douche sur votre peau, le chant des oiseaux ou les conversations çà et là... Concentrez-vous pleinement sur l'ensemble de ces stimuli.*

› *Si vous sentez que votre mental s'évade ailleurs et que des pensées qui n'ont rien à voir vous envahissent (« Je dois penser à acheter du lait », « Il fallait que je le rende pour quand, ce dossier, déjà ? », « Je me demande quel temps il fera demain... »),* ***reconcentrez-vous calmement sur vos perceptions de l'instant présent, sans vous juger, avec bienveillance.*** *Aidez-vous de vos ressentis corporels pour revenir au moment que vous vivez, là, maintenant, tout de suite.*

C'est tout ! Vous venez de méditer en pleine conscience, c'est-à-dire que vous avez été pleinement là, tout entier dans l'instant. Pratiquez cet exercice aussi souvent que possible, dans n'importe quelle situation qui vous permette de fermer les yeux quelques minutes. À force d'entraînement, cela vous sera de plus en plus facile et naturel, y compris quand il s'agira d'être pleinement attentif à votre interlocuteur.

Faire l'effort de comprendre l'autre

Comment avoir une relation, de quelque sorte que ce soit, si nous ne comprenons pas l'autre ?

Communiquer, c'est entrer en contact avec autrui dans le but de le connaître, et l'on ne connaît vraiment que ce que l'on comprend ! Ne pas comprendre l'autre, c'est choisir de parler une langue étrangère avec lui, sans faire bouger la distance qui nous en sépare. **Cela revient à ne pas vouloir tenir compte de ses difficultés, de ses souffrances.** C'est tourner le dos à l'empathie et à ce pont qu'elle crée entre les êtres vivants. D'une certaine façon, cela revient à rester seul sur sa rive. Quel dommage !

Même les méchants petits loups peuvent nous dispenser du miel ; il faut juste les aider un peu. Si, au lieu de souffler sur leurs névroses, **nous leur donnons l'occasion de se sentir en sécurité dans la relation qu'ils entretiennent avec nous (justement parce que nous les comprenons), alors un pont se construit**.

À moins de tomber dans une véritable pathologie nécessitant un suivi par un professionnel, la plupart des personnalités toxiques que nous connaissons méritent que **nous fassions le premier pas vers la compréhension mutuelle**, tout simplement parce qu'elles en sont incapables elles-mêmes.

Dans chacun des petits loups que nous avons vus dans cet ouvrage, il y a du bon. Alors, c'est plutôt bien, n'est-ce pas, de lui faire entrevoir l'idée que nous le voyons plus riche, humainement, que nous le présente sa névrose ?

C'est grâce à cela qu'il sera possible de construire un pont solide et durable, et d'engager un véritable partage.

À NOTER

Partager ne veut pas dire tout accepter, mais au moins exprimer clairement que l'on comprend la souffrance de l'autre et qu'on ne la nie pas. Une personnalité telle que celle de Magali (voir p. 120) peut aller jusqu'au suicide lorsque son entourage est dans le déni de sa souffrance, car elle vit ce déni comme un abandon, un rejet insupportable, au sens premier du terme. Dans ce cas, le dialogue peut vraiment être une question de vie ou de mort.

Adopter un langage non verbal favorisant le dialogue

Nous devons avoir avec l'autre un dialogue « vrai », c'est-à-dire dans lequel nous nous présentons tels que nous sommes ; un dialogue dans lequel chacun pourra, sans crainte, dire ce qu'il pense, ce qu'il ressent, ce dont il a *réellement* besoin.

C'est ici que la façon dont nous nous exprimons a toute son importance. Comme nous sommes – a priori – en meilleure santé psychologique que l'autre, c'est à nous qu'incombe le bon déroulement du dialogue.

Il faut donc veiller à ce que notre langage non verbal soit en adéquation avec nos propos et qu'il favorise l'échange et le partage. Le langage non verbal représente **tout ce que nous exprimons, consciemment ou non, autrement qu'avec la parole : la gestuelle, les expressions faciales, le regard, le mouvement, la posture, etc.** C'est un langage qui en dit bien plus que les mots.

Ainsi, adopter une attitude fermée alors que vous posez une question ouverte oriente d'entrée de jeu le dialogue verbal en sens unique ; si je demande : « *Que souhaites-tu faire ce soir ?* » tout en quittant la pièce ou en restant bras croisés devant mon interlocuteur, il est clair que la question sera interprétée comme étant fermée (l'autre pensera que je ne m'intéresse pas réellement à son avis) et je risque fort d'obtenir un : « *Comme tu veux* ». Cela est valable quel que soit votre interlocuteur, alors imaginez l'influence négative qu'une telle attitude peut avoir sur une personnalité toxique !

Efforcez-vous donc d'adopter une manière d'être, lorsque vous parlez, qui soit dans l'ouverture, l'accueil, la bienveillance,

l'écoute consciente (voir p. 168). Si vous entrez en relation avec l'autre avec une réelle intention de compréhension, de partage, de tolérance, de respect, de non-jugement, votre langage non verbal s'y harmonisera automatiquement.

Reformuler pour s'assurer d'avoir bien compris et éviter les malentendus

Reformuler ce qui vient de nous être dit est souvent efficace, d'une part parce que cela nous permet de **vérifier que nous avons bien compris** et, d'autre part, parce que cela laisse à l'autre la possibilité soit de reformuler si son message n'a pas été bien compris (et l'aide donc à mieux exprimer sa pensée, évitant ainsi les malentendus, source de nombreux conflits), soit d'aller un peu loin dans l'explication si besoin est.

Cela montre aussi à l'autre **que nous l'avons réellement écouté et que nous nous intéressons à ce qu'il dit** ; la personnalité toxique s'en trouve rassurée, estimée et se sent plus en confiance pour s'exprimer sans avoir besoin de recourir à ses comportements extrêmes pour se faire entendre.

En faisant ainsi un pas de plus vers la compréhension de l'autre et en le mettant en confiance, **vous encouragez ainsi sa parole et lui permettez de ne pas garder des non-dits**, qui peuvent être la source de ruminations et causer un surcroît de souffrance non exprimée.

Reprenons notre exemple ci-avant ; vous demandez à votre compagne ou compagnon (en adoptant un langage non verbal d'ouverture à l'autre) :
« *Que souhaites-tu faire ce soir ?*
– *Comme tu veux.* »

La personnalité toxique peut, même si vous affichez un langage corporel ouvert, ne pas oser exprimer ses envies – n'oubliez pas que la communication est difficile pour elle. Reformulez alors afin d'être bien certain de sa réponse (vous pouvez même aller un peu plus loin pour l'engager à oser s'exprimer, si vous sentez qu'il ou elle bloque) :

« *Tu préfères que ce soit moi qui choisisse ? Ou bien y a-t-il quelque chose en particulier que tu voudrais me proposer que nous fassions ?* »

Vous lui signifiez ainsi :
- que vous tenez compte de son avis, de ses envies, de ses goûts – bref, de sa personne ;
- que vous cherchez à le/la comprendre ;
- que vous vous souciez réellement de son bien-être.

Vous mettez ainsi toutes les chances de votre côté à tous les deux d'avoir un **échange réel, authentique, humain et bienveillant.**

L'art de communiquer avec les personnalités toxiques

Les principes que nous avons vus ci-avant sont essentiels, mais valent pour l'ensemble des personnes avec lesquelles vous interagissez. Le moins que nous puissions faire, et cela dans toute relation, est d'être **clairs, nets et précis dans l'expression de nos idées, de nos sentiments et de nos émotions.** Cette authenticité réclame un temps de réflexion. Cette réflexion, préalable à la manifestation des sentiments, ne porte pas atteinte à la spontanéité, loin de là. Simplement, **c'est une spontanéité « sous contrôle », qui nous permet d'être d'autant plus clairs et, par conséquent, reconnus comme fiables par notre interlocuteur.**

Mais ce conseil s'avère particulièrement utile avec certaines de ces personnalités toxiques qui nous environnent :

- Ainsi, pour des personnalités anxieuses comme Corinne (voir p. 124), la clarté est nécessaire, vitale même ! Toute réponse alambiquée, à double interprétation, les plonge dans le doute et la crainte que le pire n'arrive.
- Pour ce qui est de Yann, l'hyperstressé (voir p. 125), il serait également contre-indiqué d'être évasif. Il faut être particulièrement précis avec une personnalité comme lui, car la confusion va susciter, au choix, sa colère ou son ironie mordante. Avec ce type de personnalité, pas d'autre solution : il faut dire les choses comme elles sont et le dire expressément. Tout manquement, toute imprécision nourrit leur besoin de contrôle et renforce leur caractère autoritaire, voire punitif. De même, si vous vous exprimez en hésitant, en prenant mille précautions, mille détours de peur de provoquer leur colère... sachez que c'est précisément en agissant ainsi, en parlant à demi-mot que vous vous attirerez leurs foudres.

À NOTER

Si, par exemple, vous n'avez pas fait ce qui était prévu, ne vous cachez surtout pas sous de fausses excuses. Avec un hyperstressé, il vaut bien mieux un « *Oui, et j'en assume la responsabilité* » qu'un « *J'ai été empêché de le faire parce que X ne m'a pas transmis le dossier à temps* ». Plus vous serez clair, plus vous entretiendrez une relation saine et de confiance.

- S'il y a une autre personnalité avec laquelle il est nécessaire d'être clair et précis afin de ne pas se mettre en faute, c'est bien la personnalité passive-agressive (voir p. 121). En effet, la rébellion est son mode de fonctionnement, et faire le contraire de ce qui lui est demandé, son mode opératoire. Le passif-agressif n'aime ni la contrainte, ni l'autorité, sous quelque forme que ce soit. Aussi, ne personnalisez pas vos demandes : ce n'est pas de vous dont il est question, mais de règles et de limites que nous devons tous respecter.

À NOTER

La clarté ne garantit cependant pas une relation paisible avec cette personnalité mais, au moins, elle vous donne les moyens de manifester fermement que vous n'êtes pas disposé à subir leur caractère.

- Avec les narcissiques (voir p. 118), soyez, là encore, précis et factuel : *« Dans telle situation, tu as eu tel comportement »*. Et avant de dire ce en quoi leur attitude vous a dérangé, pensez à exprimer quelques compliments sincères, sinon vous ne serez pas écouté et subirez une scène de ménage.
- Enfin, la personnalité histrionique (voir p. 119) étant incapable d'avoir du recul, lorsque sa théâtralité vient à bout de votre patience, il est bon que vous lui fassiez clairement savoir que vous prenez en compte l'émotion qui la submerge et que vous la fassiez redescendre sur Terre en l'amenant à relativiser.

ON NE PEUT PAS COMMUNIQUER AVEC TOUT LE MONDE…

Mais reste que, pour communiquer, il faut être deux ! Oui, il peut arriver que cela soit impossible en dépit de tous nos efforts et de toute notre bonne volonté. Il y a des personnalités avec lesquelles il peut arriver qu'il soit tout à fait impossible de communiquer réellement. →

Je pense tout particulièrement à la personnalité psychorigide ou paranoïde (voir p. 123). Ce qui caractérise cette personnalité, c'est qu'elle raisonne d'une façon parfaitement logique, mais (et c'est là le problème) sur une base totalement fausse. Comme elle est de bonne foi, coupe les cheveux en quatre et veut absolument avoir raison, vous risquez de vous épuiser à vouloir communiquer et échanger normalement.

Même si vous êtes factuel, cette personnalité aura un mal fou à reconnaître qu'elle a pu se tromper. Peut-être parviendrez-vous à la convaincre, mais ce sera au prix d'une énorme dépense d'énergie, d'une maîtrise colossale de vos émotions.

Chapitre 4

Comment réagir au cas par cas ?

Vous l'aurez compris : interagir avec les personnalités toxiques n'est pas chose aisée, pour toutes les raisons déjà vues jusqu'à présent. Les précédents chapitres vous ont donné des clés pour changer votre manière d'entrer en relation avec elles et adapter au mieux vos mots et vos attitudes de manière à favoriser, autant que possible, des échanges sains et sereins.

Puisque les personnalités toxiques ne sont pas des personnes comme les autres, voici quelques pistes supplémentaires pour vous adapter au mieux et apprendre à les gérer au cas par cas, selon leurs névroses et spécificités.

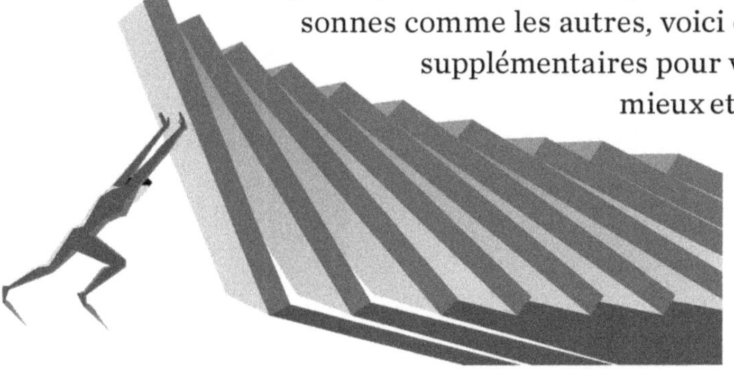

LES PERSONNALITÉS QU'IL FAUT BOUSCULER MALGRÉ ELLES

À l'inverse des personnalités qu'il est nécessaire de contenir (voir p. 189), il en est d'autres qui, trop repliées sur elles-mêmes, trop introverties, ont du mal à communiquer et interagir avec le monde extérieur. Parmi elles, nous trouvons les personnalités évitantes, solitaires, anxieuses et dépendantes.

La personnalité évitante

(Voir la fiche résumé correspondante, p. 126.)

Profondément inhibée, tel Lucas, la personnalité évitante ne veut pas s'engager. L'inconnu et les conflits la terrorisent car « les autres » lui apparaissent supérieurs en tout point. C'est pourquoi il faut mettre en œuvre une **stratégie douce, progressive**, lui permettant d'intégrer le fait qu'elle est capable de s'ouvrir un peu plus au monde.

Concrètement, il s'agit de :

- la rassurer sur la non-toxicité de son environnement (qu'il soit professionnel ou privé) ;
- mettre en valeur ses qualités ;
- demander son avis sur des sujets qui en valent la peine ;
- ne rien lui imposer, mais faire part de votre besoin d'ouverture à un cercle plus vaste que la seule famille, de votre besoin de la voir évoluer.

La personnalité évitante aime être utile et rendre service : utilisez ces leviers !

La personnalité solitaire

(Voir la fiche résumé correspondante, p. 127.)

Elle paraît hermétique et indifférente à vos états d'âme. Son goût profond pour la solitude et le confort l'enferme dans sa « bulle », ce qui vous met dans un état de souffrance tel que vous lui en voulez d'être aussi inatteignable. En outre, à cause de son comportement, votre vie sociale est des plus réduites.

Souvenez-vous de Patrick : sa femme, Mélissa, communique difficilement avec lui et leurs deux enfants éprouvent le sentiment que rien ne semble vraiment en mesure de capter son attention, mis à part son travail. Que peut faire Mélissa ? Sa vie de couple ne la satisfait pas du tout, la vie de famille qu'ils forment tous les deux non plus. Il faut tirer la sonnette d'alarme !

Oui, elle comprend qu'il a besoin de solitude pour être « équilibré », bien avec lui-même – il n'est pas question d'ignorer cela. Simplement, ce besoin, quand il est satisfait dans l'excès, est source de déséquilibres et de désagréments pour ceux qui lui sont le plus chers : Mélissa et leurs deux enfants.

Alors, si elle ne veut pas que la bulle dans laquelle s'enferme Patrick devienne ingérable, Mélissa a tout intérêt à mettre des limites. Et c'est dans le temps que se poseront ces limites : **un temps quotidien de vraie présence avec les enfants**. Mélissa ne lui demande **pas la quantité, mais la qualité**. Mieux vaut une demi-heure de vrai partage avec ses enfants qu'un après-midi à ne faire qu'acte de présence. Le solitaire devra faire preuve de volonté, d'autant que vous ne manquerez pas (si vous êtes mariée à un homme qui ressemble à Patrick) de lui dire combien lui-même va y gagner. Transmettre aux enfants ses passions, n'est-ce pas là le plus bel héritage que l'on puisse leur donner ?

Comme il a du mal à exprimer ses émotions et ses sentiments, s'occuper de ses petits le mettra en situation de partager avec eux des moments, de les toucher et d'être touché par eux. À travers regards, gestes, câlins, tout ce que l'on ne peut pas dire peut enfin s'exprimer autrement. Le tout est de faire l'effort d'un premier pas.

De même pour le couple : vous pouvez demander **une soirée par semaine pour sortir**, aller au théâtre, au cinéma, à un concert ou au restaurant.

À NOTER

À vous de voir ce qui est aujourd'hui le plus urgent à mettre en œuvre, car il serait maladroit de faire ces deux demandes simultanément (passer plus de temps avec les enfants ou sortir plus souvent avec vous). Il est bien évident que cette personnalité ne peut changer sa façon d'être en quelques semaines. Ce que vous proposez doit être réalisable pour lui sans qu'il se sente dépassé, angoissé.

À vous de vous intéresser à ses marottes, ses passions, son monde intérieur, de l'écouter en parler. C'est ce que vous faisiez quand vous vous êtes rencontrés, et c'est bien parce qu'il avait senti cette écoute que Patrick avait commencé à vous aimer, très vite.

Alors seulement, une fois cet état d'esprit retrouvé, quand des liens de confiance réciproque se seront enfin rétablis, il sera possible d'ouvrir en douceur la porte de la maison à des amis susceptibles de comprendre la personnalité du solitaire, **afin**

que ce dernier, petit à petit, puisse vivre confortablement les relations avec autrui et qu'enfin sa bulle ne soit plus un refuge, mais un lieu de créativité et de ressourcement – ce qu'elle doit être.

La personnalité anxieuse

(Voir la fiche résumé correspondante, p. 124.)

Une angoisse de fond vient perturber sa vie sociale car, pour elle, tout se joue sur la corde raide. Son anticipation lui fait entrevoir toutes les solutions à une situation donnée et, bien sûr, c'est le pire qui sera toujours envisagé : tout peut être sujet d'anxiété et d'anticipation négative.

Comme elle a souvent une intelligence plus élevée que la moyenne, il est difficile de lui dire n'importe quoi pour la sortir de son anxiété, de son besoin de contrôle sur les événements et de son perfectionnisme. Vous voyez bien les signes de son anxiété. Même si elle ne l'exprime pas, vous la sentez. Elle est palpable : son regard parle pour elle, elle se ronge les ongles, elle se lève le matin plus fatiguée que la veille, etc. **Pour aider cette personnalité à gérer son anxiété, il va falloir instaurer des repères solides et fiables.**

Même des choses aussi peu importantes et aussi futiles que les goûts alimentaires peuvent la déstabiliser. Si elle vous entend dire que vous vous êtes régalé de choux de Bruxelles alors que vous lui aviez dit que vous détestiez cela, son anxiété va monter d'un cran.

Alors, comment exprimer les choses sans la bousculer ? **Le vocabulaire a toute son importance.** Pour reprendre l'exemple des choux de Bruxelles, ne dites pas : « *Mes goûts ont changé* » – le changement est source d'anxiété. Préférez plutôt : « *Mes goûts ont évolué* » et **invitez la personne à partager son ressenti ou son vécu par rapport à ce que vous lui exposez** (certains de ses propres goûts ont pu évoluer entre l'enfance et l'âge adulte ; posez-lui la question). Cela lui permet de s'identifier, de s'approprier le concept et de comprendre que oui, effectivement, les choses évoluent, et que cela n'est pas négatif. Comme nous l'avons vu dans le chapitre précédent (voir p. 175), **il faut maîtriser sa spontanéité et toujours envisager la portée des mots que nous utilisons**. Aidez-la à relativiser.

À NOTER

Un peu d'humour bienveillant et de légèreté sont souvent de bon aloi, alors n'hésitez pas !

L'anxiété de l'autre ne doit pas être un frein dans vos relations. Si les choses doivent évoluer, alors ne vous laissez pas impressionner et allez de l'avant ! **Tout est question de comportement : respecter les peurs de l'autre : oui. S'y soumettre : non !** Si, par exemple, vous constatez que vous allez être en retard à un rendez-vous, tant pis ! Vous ne pouvez pas remonter le temps ni mettre un frein à vos propres occupations ; cependant, la moindre des politesses sera d'en avertir l'autre afin qu'il ne s'inquiète pas et comprenne bien que ce n'est pas une marque de mépris ou d'abandon.

Soignez votre communication, adaptez votre comportement dans la limite du raisonnable et dans le respect de votre propre personne. Petit à petit, les choses changeront.

À NOTER

Si, malgré vos efforts, vous sentez que vous ne pouvez faire sortir votre compagne ou votre compagnon d'une anxiété qui la (le) dévore et qui vous pèse, invitez-la/le à consulter, mais réfléchissez bien à la façon dont vous amènerez la chose !

La personnalité dépendante

(Voir la fiche résumé correspondante, p. 120.)

Ce qui la caractérise, c'est son absence de liberté. Pour exister, elle dépend des autres. La crainte de n'être pas aimée, de devoir affronter une solitude qui l'angoisse fait qu'elle ne se donne pas le droit d'être authentique.

Cependant, les personnalités dépendantes sont d'une sincérité désarmante. Que pouvons-nous faire pour aider ces personnalités attachantes (mais usantes) à sortir de leur manque de confiance en elles ? Comment développer leur esprit d'initiative afin qu'elles osent faire toutes seules des activités ? Comment faire pour qu'elles cessent de n'accepter que des rôles de second, sur le plan professionnel, par peur de s'exposer à la critique, au rejet, et donc à l'isolement ?

Ce mécanisme de défense que les dépendants ont mis en place en étant ouverts, altruistes, à l'aise dans les relations et fidèles dans leurs attachements nous touche, c'est certain, mais peut vite être ressenti comme une prison. Comment faire pour ne pas les blesser et leur donner l'opportunité de se faire confiance ? **Il faut les y aider en les poussant (gentiment, mais fermement) hors de cette névrose limitante dont ils sont les premières victimes, et nous, les victimes collatérales.**

Il y a de fortes chances qu'ils vous voient comme nettement supérieur à eux : vous êtes une sorte de roc que rien ne peut ébranler. Que ce soit dans la sphère privée ou professionnelle, il est nécessaire de briser cette croyance qui alimente leurs doutes et leur manque de confiance en eux.

Par exemple, imaginons que vous soit proposée une promotion certes flatteuse, mais qui ne correspond vraiment pas à vos souhaits, même si celle-ci valorise votre curriculum vitae et offre d'indéniables avantages financiers. Vous pouvez demander à Magali, notre dépendante, ce qu'elle pense de cette promotion, faire appel à son intelligence et à son esprit d'analyse, finement développé chez ce type de personnes. **Vous manifestez ainsi l'intérêt que vous portez à ce qu'elle pense : vous la valorisez.** Cela va lui permettre de prendre conscience de deux choses très importantes :

- vous n'êtes pas la personne omnipotente qu'elle croyait ;
- vous avez besoin d'elle, de savoir ce qu'elle pense et de prendre son avis en considération.

Si vous prenez l'habitude de lui demander son avis, petit à petit, Magali (d'abord réticente, craignant un piège et se refermant sur elle car elle se sent tellement incompétente) va commencer à donner des conseils ou des opinions. Voyant votre réaction positive et encourageante, **elle va développer cette confiance en elle qui lui fait tant défaut, ce qui lui permettra de s'aimer un peu plus**.

Ne manquez pas une occasion de faire appel à elle. Même à propos des choses les plus futiles, tel le menu du repas. Si elle répond : « *C'est comme tu veux* », vous pouvez renchérir : « *C'est comme nous voulons, j'ai besoin de savoir ce qui te ferait plaisir* ! » Et comme les dépendants sont altruistes, Magali finira bien par dire ce qu'il lui ferait plaisir de manger.

À NOTER

Cette action, pour être productive et efficiente, doit être quotidienne. Il ne faut pas laisser Magali dans le rôle de suiveuse car, c'est certain, comme tout être humain, elle a des désirs et des préférences.

Il en est de même dans le milieu professionnel. Le dépendant est un excellent collègue d'équipe et un bon suiveur mais, comme tout un chacun, il a une opinion ; cependant, l'exprimer spontanément lui est impossible. **Aussi faut-il le solliciter régulièrement, le pousser à s'exposer et lui permettre ainsi de constater que son avis peut se révéler pertinent et utile.** Lorsque ce n'est pas le cas, le dépendant se rendra également compte que personne ne lui en veut.

À NOTER

Si le dépendant vient vous demander votre opinion, plutôt que de donner votre solution, préférez ceci : « *Tout d'abord, qu'en penses-tu, toi ? Quelle solution envisages-tu ?* » Surtout, n'alimentez jamais ce doute de lui-même qui le mine, mais, au contraire, faites tout pour l'en sortir.

Magali peut aussi avoir le désir de prendre des initiatives. Si, par exemple, elle décide de repeindre la salle à manger (car elle a un côté manuel qui a besoin de s'exprimer), encouragez-la ! Il se peut hélas que, n'étant pas professionnelle, il y ait des traces de pinceau et des coulures... Ne critiquez pas ! Constatez avec elle le piètre résultat de l'entreprise mais relativisez-le ! Rappelez-vous : l'humour est outil puissant – en toute bienveillance et avec la participation de la personne, pas contre elle. Et puis, elle n'est pas peintre en bâtiment ! Alors pour une novice, c'est plutôt bien – et surtout, avouons-le : **il n'y a pas mort d'homme.** D'ailleurs, toutes les entreprises ne connaissent pas le succès. L'essentiel est de faire, en tentant de faire le mieux possible, et c'est ce qu'elle fait. Retenez ceci : **il n'y a que ceux qui ne font jamais rien qui ne ratent jamais.**

SOIGNER LE MAL PAR LE MAL !

Une autre façon d'aider les personnalités dépendantes est de les inciter à multiplier leurs activités extérieures. Concrètement, il s'agit de… multiplier le nombre de leurs dépendances ! Il est étonnant de constater que, quand ils cumulent les relations de dépendance, la force de ces dernières est moindre et leur impact sur la personnalité est plus dilué. D'une certaine façon, vous contribuerez à la sortir de la dépendance en soignant le mal par le mal ! Bien sûr, vous devrez peut-être l'accompagner au début, mais vous pouvez compter ensuite sur sa facilité à se fondre dans le groupe.
À elle, donc, les séances de Pilates, les cours de poterie, de danse orientale, de théâtre, de bridge, que sais-je encore… (Et, pour vous, des plages de respiration !)
Cette nouvelle situation vous permettra de lui faire comprendre qu'elle peut faire des choses pour elle, toute seule, et que cela ne remet pas en cause la profondeur de votre lien ni la pérennité de votre relation. Au contraire : toutes ces activités enrichiront sans conteste votre vie de couple.
Et si tout cela n'aide pas Magali à devenir plus autonome, vous pourrez alors l'encourager à se faire suivre par un thérapeute.

LES PERSONNALITÉS QU'IL FAUT SAVOIR MAÎTRISER

Comme nous venons de le voir, il est des personnalités qu'il convient de faire sortir d'elles-mêmes afin de les aider à maîtriser, contrôler leur mal-être et celui que ce dernier peut engendrer dans leur entourage.

Il en est d'autres, en revanche, qu'il nous faut contenir en raison de l'agressivité et de la violence verbale et comportementale qui les caractérisent.

La personnalité hyperstressée

(Voir la fiche résumé correspondante, p. 125.)

Nous les avons rencontrées, ces personnalités hyperstressées, et appris à les reconnaître à travers Yann. Souvenez-vous de sa capacité toute particulière à vous mettre les nerfs en pelote et à vous exaspérer jusqu'à l'épuisement. Le besoin d'action des hyperstressés est insupportable pour leur environnement. Le sentiment qu'ils éprouvent de devoir relever des défis, d'être en tout les meilleurs, d'être en permanence dans le registre de la compétition, et cela même au sein de la famille, est souvent vécu comme une véritable agression.

Ce d'autant plus que, pour ne rien arranger, ils sont ombrageux, manquent d'humour et se mettent en colère pour ce qui, à vos yeux, constitue des broutilles. Cela fait d'autant plus mal qu'ils peuvent être brillants et ont la dent dure ! Les phrases assassines, ils savent faire. Et comme ils n'ont aucun sens de la limite, c'est donc sur cela qu'il nous faudra nous concentrer et agir pour les contenir dans ce qui est acceptable.

Pour les aider à rester dans ces limites acceptables, il est recommandé de s'affirmer face à toute tentative de contrôle. Comment ?

Aidez-la à prioriser pour ralentir le rythme

Vous connaissez Yann : tout affrontement ne peut aboutir qu'à sa colère et à la démesure de ses propos. **Aider les hyperstressés à prendre conscience qu'ils ne peuvent faire preuve d'autoritarisme et de contrôle abusif est donc leur rendre le plus grand des services !**

Ainsi, au travail, vous êtes le plus proche collaborateur de Yann et vous croulez sous la charge ; inutile de vous plaindre. Il vaut mieux prendre en considération le fait que Yann travaille à la vitesse d'une Ferrari et vous, dans la normalité, et qu'il est hors de question que vous suiviez le rythme infernal de ce dernier. Le burn-out, non merci ! La plainte ne fonctionnant pas, il est préférable de lui demander de **dresser ensemble l'état des priorités des dossiers qui s'accumulent**. Mettez en avant votre **besoin d'approfondir et de mener efficacement à terme votre travail**, en faisant remarquer que votre capacité de travail est identique à celle de tous ses autres collaborateurs.

Cet état des lieux des priorités, son épouse pourrait également l'aider à le faire pour lui-même. Vous voyez votre époux rentrer tard, tendu, déjà en projection sur le lendemain. Vous le voyez avaler son repas en parlant du bureau, des délais qu'il faudra tenir. À vous de jouer ! **Demandez-lui quels sont les dossiers réellement importants et qui ne peuvent attendre. Aidez-le, quitte à prendre une feuille blanche et un stylo pour mettre les choses noir sur blanc.** Car c'est pour lui un exercice difficile en raison de sa tendance à attribuer une égale importance à tout.

D'où la nécessité d'évoquer les conséquences qui découleraient du fait de prolonger les délais de certains dossiers. Arrivés à ce point, il vous faudra **l'aider à relativiser, dédramatiser**.

À NOTER

Cette conversation peut prendre du temps et devra être remise sur le chantier, car Yann se bat continuellement contre les autres et contre le temps. Mais à la longue, cette aide peut porter ses fruits.

Aidez-la à relâcher la pression

Relâcher la pression est nécessaire tout autant au travail que dans la sphère privée. Le fait même de se sentir toujours sur la brèche n'y contribue guère et, à la maison, nous pouvons les aider à ne pas franchir la ligne rouge dans ce domaine.

En effet, Yann a le chic pour sentir de la compétition là où il n'y en a pas. Au cours des repas, il est hors de question qu'il se détende et se laisse aller. Non, il lui faut être celui dont on parlera dans les jours qui suivent ce moment festif et convivial. Que fait-il ? Il monopolise la parole, se donne pour mission d'être le plus brillant, le plus informé, le plus fin, le plus intelligent. Que faire pour l'aider à se détendre, à oser dire des bêtises, des blagues que tout le monde connaît mais qui font toujours rire ?

Sa femme ou un ami peut gentiment lui dire : « *Tu sais, Yann, là nous sommes en mode* off, *il n'y a pas de compétition entre amis.* Enjoy, *Yann,* enjoy ! » Il faut dire qu'il est très difficile à Yann de mettre des limites à ce besoin de compétition qui va jusqu'à ne pas laisser ses enfants gagner quand il joue avec eux à un jeu de société. On peut alors lui faire remarquer qu'il n'y a aucun mérite à gagner avec des enfants et que son comportement est juste décevant.

En fait, l'essentiel à faire, c'est d'**aider Yann à occuper une juste place dans la vie et à ne pas être la première victime de sa suractivité, de l'importance qu'il accorde à la réussite, de son désir de relever des défis, comme si le temps vécu pour lui-même était insupportable.** Le mouvement perpétuel pour contrecarrer la mort qui nous attend...

DES PISTES POUR LEUR APPRENDRE À SE DÉTENDRE

Le problème, c'est que les hyperstressés font tout pour aller plus vite, plus que d'autres types de personnalités, d'où la nécessité de les aider à « décrocher » de ce qui ressemble bien à une drogue. L'entourage doit insister sur les bienfaits et le bien-être qu'apporte une véritable détente. Quelques exemples :

❯ Profitez des repas pour l'inciter à prendre conscience de ce qu'il mange, prendre le temps de mâcher les aliments afin de profiter de leur saveur, poser les couverts lorsqu'il parle... Qu'il soit réellement présent à ce moment.

❯ Vantez la qualité des vins et poussez-le à les goûter vraiment, à aller à la découverte de ce qui fait qu'ils sont uniques.

❯ Offrez-lui des massages ou, mieux, faites-lui des massages pour le détendre, lui faire prendre conscience que nous avons un corps qui révèle des sensations agréables lorsqu'il est immobile, au repos, hors du temps.

❯ Pendant les vacances, faites-lui connaître les joies du *farniente* dans le partage de l'émerveillement que suscite la beauté du monde.

Bref, connectez-le à l'ici et maintenant. Si vous réussissez, vous l'aurez libéré d'un excessif désir de challenges, lui aurez réappris à vivre et... à protéger sa santé.

Les personnalités paranoïdes et psychorigides

(Voir la fiche résumé correspondante, p. 123.)

Ici, nous retrouvons Alexandre, ce brillant avocat pour qui tout doit être sous contrôle, tant dans sa vie privée que professionnelle. Son extrême méfiance provient de sa croyance en l'hostilité du monde à son égard. Signe d'un profond manque de confiance en soi qui l'entraîne à dépasser les bornes : trop de contrôle, trop de colère, trop d'ironie, trop de propos humiliants et cassants.

Ce sont ces débordements qu'il faut contenir afin d'avoir des relations supportables avec des personnalités comme celle d'Alexandre. Alors, que faire ?

Soyez précis, mais avec mesure

Sa femme a tout intérêt (tout comme ses collaborateurs, d'ailleurs) à être particulièrement claire dans ce qu›elle énonce. Mais, attention, trop de précision peut lui mettre, à tort, la puce à l'oreille. Aussi faut-il être bref et concis, **et ne pas laisser place à l'interprétation.**

Ainsi, si elle a prévu d'aller au cinéma avec sa meilleure amie, il serait bon de préciser quel film a été choisi et dire qu'elle y va avec cette amie car elle sait qu'il n'aime pas les comédies sentimentales et qu'elle ne peut pas lui infliger cette corvée. C'est tout et c'est largement suffisant. Dire plus serait s'exposer à une suite de questions sans fin et vous passeriez de la simple information à la justification. Ce qui serait la pire chose à faire, car cela alimenterait la méfiance d'Alexandre.

À NOTER

Vous pouvez, quand la conversation tourne au vinaigre, lui exprimer votre sentiment : « *Vraiment, j'en ai assez de recevoir toujours les mêmes observations, de te voir jouer au flic avec moi, de subir des colères sans objet.* »
En effet, à partir du moment où vous ne vous attaquez pas à sa personne mais à un comportement, il se peut qu'il prenne conscience qu'il dépasse les bornes et soit touché par votre sincérité. Ce qui signifie qu'il faut savoir l'affronter et ne pas prendre la poudre d'escampette quand la relation se gâte.

Combattez pour ce qui compte, lâchez du lest sur l'accessoire

Comme, au fond, cette personnalité manque de confiance en elle, l'élégance et la prudence dictent également de **lui donner le sentiment d'être gagnant**, car souvenez-vous qu'elle a besoin de succès. Ainsi, sa femme, à propos de l'aménagement de leur appartement, devra préserver son pré carré et ne pas céder, mais ne pas non plus s'opposer frontalement afin d'éviter l'affrontement inutile qui l'aurait anéantie en raison de la violence dont peut faire preuve Alexandre. **Elle n'aura donc cédé que sur ce qui lui paraissait, somme toute, accessoire.**

En étant ainsi « fermement » souple sur les rotules, vous avez contenu la tyrannie, le contrôle et la violence de votre compagnon : bravo !

Cette stratégie peut être appliquée à tous les domaines possibles et imaginables. À vous de décider ce sur quoi vous ne céderez pas et de le laisser gagner sur tout le reste.

Respectez les codes !

Vous savez que cette personnalité est **particulièrement à cheval sur ce qui se fait et ne se fait pas.** Il vous faut donc en tenir compte. L'exactitude ne peut être mise au rebut : par conséquent, soyez à l'heure.

Lorsque vous lui parlez, mettez-y les formes puisque vous le savez susceptible. Ainsi, au lieu de dire : « *Hé, Alexandre, tu viens ?* », ce qui passerait très bien pour quelqu'un d'autre selon le lien qui vous attache, il vaudrait mieux dire : « *Alexandre, si te plaît, te serait-il possible de venir dès que tu le peux ?* » Ou bien encore, dans le cadre de la famille : « *Alexandre, mon chéri, pourrais-tu venir s'il te plaît ?* »

Les règles de bienséance ayant été observées, Alexandre n'arrivera pas comme un bouledogue prêt à mordre, mais avec le sourire : « *Oui, que veux-tu ?* »

À NOTER

Cette politesse, évidemment, vous donne le droit, lorsque Alexandre oublie le respect dû à autrui, de lui rappeler ces mêmes codes : « *Voyons, comment peux-tu te permettre de t'exprimer comme cela, toi qui connais la valeur des règles et en particulier les règles de politesse ?* » Car il faut bien reconnaître que ce qu'il exige des autres, il se doit de le mettre en pratique lui-même.

Je sais qu'il est très difficile de côtoyer cette personnalité. Si vous parvenez à contenir sa propension à tout contrôler, à ne pas péter les plombs pour rien, bravo ! Ou bien faites-vous aider si vous êtes sa compagne ou son compagnon, ou essayez de vous faire muter dans un autre service ou de trouver un autre employeur ; sinon, vous risquez fort de craquer.

La personnalité passive-agressive

(Voir la fiche résumé correspondante, p. 121.)

J'ai hésité à les mettre dans la catégorie des personnalités à contenir et, après mûre réflexion, je me suis décidée à les y placer en raison de leur agressivité. Car cette agressivité, même si elle est larvée, souterraine, fait des dégâts et relève du registre de la violence.

Le climat délétère que cette personnalité peut faire naître dans le milieu professionnel, les représailles et les vengeances dont elle est capable doivent être contenus afin de pouvoir continuer à travailler avec elle ou vivre, dans l'intimité, une relation tout à la fois apaisée et vraie.

Il faudra donc tenir compte de ce qui caractérise ces personnalités. Tout d'abord, une piètre estime de soi sur laquelle se greffe l'essentiel de leur comportement. En effet, ces personnalités se sentent très facilement inférieures. D'où leur manque d'assertivité (la capacité à affirmer ses droits sans empiéter sur ceux des autres). **Ne sachant s'affirmer, elles sont dans l'incapacité de dire clairement non, entrent facilement dans le jeu des représailles, de la vengeance, et aiment saper l'autorité.** Car rappelons que cette dernière leur est insupportable. Ayant horreur de tout ce qui pourrait ressembler de près ou de loin à des ordres, plutôt mourir que se soumettre !

Mais il existe quelques clés pour contenir ce manque d'estime de soi et ce désir de vengeance. Tant dans le cadre professionnel que privé, nous pouvons aider ce type de personnalité **en l'impliquant personnellement, en lui demandant son aide**.

Faites-la participer !

Face à Jules, rappelez-vous à quel point il déteste les ordres. Aussi, si vous souhaitez qu'il participe, il est peut-être bon de **lui demander son point de vue**. L'entreprise envisage de s'ouvrir sur un nouveau secteur auquel Jules participera ? Quelle direction lui semblerait la meilleure, s'il devait en être responsable ? Quelle organisation et quels objectifs lui sembleraient pertinents ?

Le projet se montant avec sa participation, certains de ses amis ayant été retenus, il y a fort à parier qu'une fois sorti de la salle de réunion, il ne descendra pas en flammes le projet évoqué, ne mettra pas en question la compétence de son patron et fera, une fois le projet lancé, convenablement son travail. Et ce, surtout si on lui donne le sentiment qu'il jouit d'une bonne autonomie.

À NOTER

N'oubliez pas : tout ce qui ressemble de près ou de loin à un ordre provoque une fermeture automatique du passif-agressif, qui prendra plaisir à vous opposer une force d'inertie contre laquelle vous ne pourrez lutter.

Pour l'aider à sortir du mutisme et/ou de la bouderie, **faites amende honorable, même s'il vous semble que votre formulation était tout à fait convenable**. Aussi ne faut-il pas hésiter à dire : « *Je me suis sans doute mal exprimé lorsque je te proposais de m'aider à dresser la table. Si c'est le cas, je te prie de m'excuser, je ne voulais surtout pas te brusquer.* »

Et si elle s'entête dans son opposition ?

Si vous avez des enfants et que l'un d'entre eux, tel Ernest, fait sa tête de mule, n'hésitez pas **à lui rappeler les règles du jeu de la vie en famille** : « *Tu es d'accord pour l'organisation du tour de table, tes frères s'y collent sans problème, il est hors de question que tu ne fasses pas de même !* »

Cette règle peut être également rappelée dans le cadre professionnel. Ainsi, quand Jules freine l'équipe dont il fait partie, sabote son ouvrage, son patron a légitimement le droit de lui rappeler que **la règle du travail bien fait vaut pour tout le monde**, qu'elle n'a rien de vexatoire ou de dictatoriale, mais qu'elle permet simplement à chacun d'être acteur d'une progression dont il pourra bénéficier au même titre que les autres membres de l'équipe si les objectifs sont atteints.

Il peut même lui demander, après ce rappel à l'ordre, les raisons qui justifient son comportement professionnel. Est-ce que la procédure suivie lui paraît incohérente, a-t-il des problèmes relationnels avec l'un ou l'autre des membres de l'équipe, la charge de travail lui semble-t-elle être trop lourde ?

Tout, plutôt que le silence hostile et dévastateur du passif-agressif. **Le faire s'exprimer permet de contenir sa faculté de nuisance et de toxicité.**

La personnalité narcissique

(Voir la fiche résumé correspondante, p. 118.)

Pour obtenir l'admiration et la vénération, Priscilla est prête à tout : manipuler, piquer les idées des autres, s'attribuer ce qu'il y a de mieux, de plus prestigieux, m'as-tu-vu, bling-bling... Le narcissique peut faire assaut d'élégance et d'urbanité. Mais malheur à celui ou celle qui ne cède pas à sa volonté de séduction et aurait l'outrecuidance de le critiquer ! Il est tellement au-dessus des hommes qu'il est au-dessus des lois qu'ils édictent. Sa supériorité est telle par rapport au commun des mortels qu'il ne peut être que l'ami des stars, des personnalités connues et influentes. On peut, à juste titre, s'interroger sur la sincérité et l'authenticité de ses amitiés...

Que faut-il donc contenir chez le narcissique ? Tout simplement son désir d'en vouloir toujours plus et ce, au détriment d'autrui. **Il faut tempérer son mépris des autres ainsi que ce déraisonnable sentiment de supériorité.**

Complimentez-la, mais avec sincérité

Désirez-vous avoir la paix avec Priscilla, échapper à sa colère et à son mépris ? C'est simple : **félicitez-la chaque fois qu'elle fait quelque chose de bien**. Priscilla a choisi une robe qui lui va à ravir ? Vous pouvez la complimenter. Le plat thaïlandais qu'elle a confectionné est une pure merveille gustative ? Manifestez votre contentement. Elle vient d'avoir une promotion inattendue ? Dites-lui que cela ne vous étonne pas vu ses compétences et le sérieux qu'elle accorde à sa carrière.

Cette attitude qui consiste à **féliciter, admirer quand la situation s'y prête**, en plus de vous permettre d'être authentiquement laudatif, va avoir une double incidence sur le narcissique :

- vous êtes « classé » parmi les gens intelligents (ceux qui reconnaissent sa supériorité) ;

- son désir, son besoin de vous épater pour susciter votre admiration va diminuer et... vous serez une des rares personnes de laquelle il acceptera les critiques.

À NOTER

À propos des critiques, je vous conseille d'être toujours précis et factuel, et de ne formuler que celles qui sont indispensables, celles qui signalent que le narcissique est allé trop loin dans le mépris et la condescendance des autres.
Il est, en outre, très à cheval sur le formalisme, car il estime que les autres le lui doivent de plein droit tant il est exceptionnel. Ainsi, lorsque vous le critiquez sur le fait qu'il n'applique pas lui-même cette règle vis-à-vis d'autrui, faites-le, vous, en respectant ce formalisme. Pas de mépris, pas de généralité ; des faits énoncés calmement.

Faites-lui prendre conscience des ravages de son narcissisme

Il serait fort utile, et cela lui permettrait de mieux contenir son désir d'être toujours l'unique centre d'attention, **si un proche de Priscilla lui expliquait pourquoi ses amies la fuient de plus en plus, lassées qu'elles sont de devoir se sacrifier pour elle et de subir son mépris**. Ainsi, à l'hôtel, pendant les vacances, pour qui est systématiquement la plus belle chambre avec vue ? Pour Priscilla. Au restaurant, la même Priscilla fait une scène pour avoir la table donnant sur la mer, plongeant ses amis dans la honte et le désir de se cacher sous les tables. Qui dit tout de go à Françoise que, décidément, elle est mal fagotée, mal coiffée et que cela la dérange, elle, personnellement ? Priscilla ! Et qui ne comprend pas pourquoi les invitations entre copines se font de plus en plus rares à son égard ? Priscilla.

Ce serait lui rendre un fier service que de lui expliquer que sa croyance en sa supériorité fait d'elle un **être froid, insensible aux états émotionnels et aux blessures qu'elle inflige aux autres.** Et que ce manque d'empathie manifeste risque fort **de l'isoler et de l'amener à ne connaître que des relations factices**.

Soyez discret sur vos réussites

Enfin, si vous ne voulez pas ouvrir la surenchère du « je suis bien mieux que toi », **soyez muet, ou à tout le moins discret, quant à vos propres réussites**. Vous avez donc tout intérêt, si vous êtes attaché à cette personne, à mettre vos succès sur le compte de la chance.

Si vous avez ce qui semblerait être un privilège à ses yeux (par exemple, un coupe-file pour visiter les musées), il sera judicieux de lui faire penser qu'à vos yeux, cela n'a que peu de valeur.

LE CAS PARTICULIER DE L'HISTRIONIQUE

(Voir la fiche résumé correspondante, p. 119.)

La crainte qu'éprouve Francis lui fait faire n'importe quoi, et ce n'importe quoi transgresse très souvent les règles de conduite élémentaires que l'on doit suivre envers autrui. Cette crainte développe chez ces personnalités un comportement que tout le monde ressent comme artificiel, joué, voire surjoué.

Oui, bien sûr, le goût de la théâtralité, de la dramatisation est énervant. Mais ce n'est pas les aider à contenir ces travers que de les rejeter. Si vous agissez ainsi avec Francis, vous apportez de l'eau à son moulin et ne contenez pas du tout cette fâcheuse tendance, tout au contraire.

La meilleure façon d'agir avec ces personnalités, c'est de ne pas leur accorder de l'attention. Paradoxal, n'est-ce pas ?

L'histrionique étant adepte de la logorrhée ayant pour sujet sa personne, vous pouvez fort bien, lorsque vous subissez cette scène, agir comme un automate tant que le discours ne concerne que lui : **prenez l'air absent, puis abandonnez-le lorsque Francis parle enfin d'autre chose que de lui-même.** Vient alors le moment de manifester que ce qu'il vient de dire est réellement intéressant et important pour vous.

À NOTER

Sur le plan amoureux, plan bien difficile à gérer, il faut l'admettre, comment contenir cette humeur labile, la douche écossaise permanente que les histrioniques imposent à leur partenaire, les scènes à répétition ? Si vous n'y parvenez pas par vous-même, **une thérapie de couple sera indispensable** si vous tenez réellement à lui ou à elle.

CONCLUSION

Comme vous l'aurez compris tout au long de votre lecture de ce guide, si vous n'aviez qu'une seule règle à retenir avec les personnalités toxiques, ce serait la suivante : ne vous posez pas en victime. Vous avez maintenant les clés et les outils pour instaurer avec elles, par votre initiative, des relations plus saines.

Et si vous peinez à y parvenir, si cela vous pèse trop au quotidien, détachez-vous de ce qui vous empoisonne et focalisez votre attention sur les beautés que la vie vous offre : le sourire d'un enfant, la chaleur du soleil, la caresse d'un chat, le roulement des vagues s'écrasant sur la plage, le rire d'un ami…

Quitte à couper les ponts avec ceux qui vous empoisonnent si aucune des solutions proposées ne fonctionne : rien ni personne ne vous oblige à subir ni à souffrir.

Vous marcherez d'un pas autrement plus léger sur le chemin de votre vie – et nous n'avons qu'une existence ; inutile de la gâcher. Vous aurez, dans tous les cas, appris beaucoup sur vous et mis en œuvre plus de sérénité dans votre quotidien, toutes relations confondues. À vous de jouer !

TABLE DES MATIÈRES

SOYEZ MALIN !

La collection Malin,
c'est déjà plus de 100 titres au catalogue !

Achevé d'imprimer en France
par CPI Bussière
À Saint-Amand-Montrond (18)
Dépôt légal : novembre 2018
N° d'impression : 2039613